语文教学与传统文化研究

张丽佩◎著

吉林出版集团股份有限公司
全国百佳图书出版单位

图书在版编目（CIP）数据

语文教学与传统文化研究 / 张丽佩著. -- 长春：
吉林出版集团股份有限公司, 2021.8
ISBN 978-7-5731-0414-4

Ⅰ.①语… Ⅱ.①张… Ⅲ.①中学语文课－教学研究
－高中 Ⅳ.①G633.302

中国版本图书馆CIP数据核字（2021）第181523号

语文教学与传统文化研究
YUWEN JIAOXUE YU CHUANTONG WENHUA YANJIU

著　　者：张丽佩
责任编辑：马　刚
装帧设计：清　风
开　　本：710mm×1000mm 1/16
印　　张：6.5
字　　数：90千字
版　　次：2022 年 6 月第 1 版
印　　次：2022 年 6 月第 1 次印刷
出　　版：吉林出版集团股份有限公司
发　　行：吉林音像出版社有限责任公司
地　　址：吉林省长春市净月区福祉大路5788号出版大厦A座
电　　话：0431-81629680
印　　刷：三河市嵩川印刷有限公司

ISBN 978-7-5731-0414-4　　　　定　价：38.00 元

前　　言

　　语文承担着重要的育人任务。文化对语言的影响明显地表现在词汇上及语法结构上，语言在其形成发展的过程中又反过来影响文化。语言是文化的载体。汉语的表意性很强，在几千年的历史积淀下，注入了深厚的文化底蕴。脱离内容的语言教学是不存在的，尤其是中学语文教学。学语文也就是学思想、学社会、学历史、学自然，了解我国固有的文化。我国的传统文化同母亲的乳汁，哺育着一代又一代的中华儿女。由于有这种乳汁的哺育，我们民族的心理、思想、思维方式以及民风民俗、生活习惯和方式等，自然而然地渗入到了每个成员的血肉之中，并成为我们民族世世代代生存繁衍、休养生息的一种凝聚力。而语文教育的这种能量是任何一门学科都无法比拟的。

　　本书通过对语文教学理论与发展现状的研究、对语文教学新理念的思考与辨析，通过语文阅读教学应重视的问题，面对新课程的语文教学设计与写作教学方法创新，进行了系统探讨。语文教学不仅关系着学生听说读写能力的提高，还关乎着学生认识生活能力、理解分析能力的提高和情感态度价值观的形成与发展。不能把语文仅仅看成是工具，它还是思想观念、情感态度、价值观、人生观的直接反映。所以说，工具性与人文性统一于语文之中，是不可分割的整体。

目　　录

第一章　语文教学理论与传统文化

进入21世纪以后，我国基础教育课程改革逐步推开。"新课标"、新教材、新理念为中学语文教学注入了活力，中学语文教学正在发生着变化。如何更好地贯彻"新课标"精神，促进中学语文教学改革，成为广大语文教育工作者共同关注的问题。因此，作为语文教育工作者，很有必要深入研究，积极探索，不断总结，以开创中学语文教学的新局面。

第一节　明确语文课的性质和任务

语文课的性质和任务是什么？这是长期争论不休的问题。强调语文知识性的人要求着重讲字、词、句、篇的知识和规律；强调语文工具性的人要求着重进行听、说、读、写"四会"能力的训练。几经反复，几经争论，"语文课程标准"对语文课的性质作出了明确的表述："语文是最重要的交际工具，是人类文化的重要组成部分。工具性与人文性的统一，是语文课程的基本特点。"对语文课的任务，《全日制义务教育语文课程标准（实验稿）》指出："语文课程应致力于学生语文素养的形成和发展。"《普通高中语文课程标准（实验）》指出："高中语文课程应进一步提高学生的语文素养，使学生具有较强的语文应用能力和一定的审美能力、探究能力，形成良好的思想道德素质和科学文化素质，为终身学习和有个性的发展奠定基础。"这对中学语文教学有着深远而重大的指导意义。

语文课的工具性、知识性，决定了语文教学的基本目的应该是使学生掌握语言文字这一基础工具，培养学生运用语言（听、说、读、写）的能力——语文教学使学生获得语文知识（字、词、句、篇）、文化知识、文字知识，并得到思想品德教育。这就要求语文教学必须加强语言教学，使学生掌握语言工具，扎扎实实地培养学生实际运用语言的能力。这是必须肯定的，但同时还必须看到，语文课具有十分明显的人文性。语文教育的过程，不仅是知识传授的过程，还是一个人文教育的过程，或者说是一个文化教育的过程。语言形成本身与人类文化是密不可分的。

第二节　努力提高语文教学效率

效率的实质是多快好省。语文教学必须提高教学效率，在单位时间内让学生得到更多的收益。早在40年前，吕叔湘先生就指出："10年时间、2700多课时，用来学本国语文，却是大多数不过关，岂非咄咄怪事！"（载1978年3月16日《人民日报》）40年过去了，语文教学取得了丰硕的成果，但毋庸讳言，"不过关"的现象依然存在，语文教学效率仍难令人满意。改变这种现状，提高教学效率是这次课程改革、也是中学语文教学改革的初衷。依照"新课标"的精神，提高语文教学效率应从以下几个方面着手：

一、强化目标意识

教学是促进学生朝着目标所规定的方向产生变化的过程，所以教学必须确立清晰的教学目标。

教学作为一种自觉的、有目的的、培养人的社会活动，其全部运作都是围绕目标展开并逐步逼近目标的过程。教学目标是教学活动的出发点和归宿，是学生通过教学活动获得的预期结果。教学目标对教学有导向、指导、操作、调控和检测的功能。

教学目标不是任课教师随心所欲的编造，不是在教案上装点门面的摆设，也不是课堂教学中可有可无的点缀，而是教学过程得以形成的最高基准点。

这就要求教学目标的确定要明确、具体、可操作、可检测。

按照课改新理念，教学目标的确定要考虑"知识与技能""过程与方法""情感态度与价值观"三个维度。

教学目标的确定，要切合《课标》要求和教学内容，要符合学生的实际需要，要避免抽象、笼统、模糊。提倡采用行为目标的形式陈述教学目标。有两种类型：一是采用结果性目标的方式，即明确告诉学生学习结果是什么，所采用的行为动词要求明确、可操作、可检测、可评价。这种方式指向可以结果化的教学目标，主要应用于"知识与技能"领域，如"能使用工具书并结合课文注释翻译课文"。二是采用体验性或表现性目标的方式，即描述学生的心理感受、体验或明确安排学生表现的机会，所采用的行为动词往往是体验性的、过程性的。这种方式指向无需结果化的教学目标，如"能对课文反映出的亲情有深刻的感受"。在进行教学目标陈述时，这两种类型往往是混合使用的。总之，课堂教学要准确地描述教学目标。

我们常常看到教师在确定教学目标时，一是凭感觉随意而定；二是内容过于笼统、模糊，脱离学生实际；三是过于注重预设的确定性目标，忽略学生的不确定性目标；四是在教学目标表述上，充斥着"让学生……""使学生……""培养学生……"等体现教师行为主体的词语。这表明教学目标设计的主体只有教师、没有学生，容易造成学生主体地位的缺失。有效的课堂教学，在目标的设计上应该简明、清晰、具体，既要考虑到学生的实际状态，又要考虑到学生发展的可能性，做到即时目标与延时目标（课堂达成目标与课后发展目标）相结合、共同目标与个性化目标相结合、确定性目标与不确定性目标相结合。教师要以动态发展的眼光来看待教学目标，并根据教学情境的变化对教学目标进行调整。教学目标不是对教师教学行为的描述，而是对学生学习结果——能够达到的基本目标的描述。因此，在教学目标的表述上，应用"感受""体验""学习""认识"等体现学生行为主体的动词。

二、改革教学方法

教师的教法应服务于学生的学法，使学生掌握自学的方法、养成自学的习惯，从而达到"教是为了不需要教"的目的。教师在备课时首先应考虑的是如何让学生易懂、易学、易接受，增强学法指导意识，要努力改变学生在课堂上被动接受知识的局面，让学生主动参与教与学的过程，成为学习的主人。实践证明，用学法指导作为教学的主线，能够使教改取得突破性进展，明显地增强教学效果。这说明在教学理念、教学内容确定之后，教学方法在教学质量和教学效率中起着决定性的作用。

著名教育家叶圣陶先生认为，学习作为一种认识活动，是学习者自己的事，"学习的主体是自己，千古不易。自己努力，才有进步。教师与朋友无论如何高明，也只能从旁启发，代替学习是不可能的。因此，自学实在无可怀疑""学习是自己的事，自己要学习，在任何环境里都能够学到切实有用的知识"。学生不仅要学会自学的本领，还要养成自学的习惯。叶老说："我们在学校里受教育，目的在于养成习惯、增强能力。我们离开了学校，仍然要从种种方面受教育，并且要自我教育，目的还是养成习惯、增强能力。"因此，学会自学、养成自学习惯应成为学生的自觉行为。这也是我们语文教学的根本目标。而要达到这个目标，教师则起着关键的作用。教师是教与学的组织者、实施者，学生自学能力的培养和自学习惯的养成要靠教师来指导。应把能否重视学生的学法，并养成习惯作为衡量教师教学水平高低的重要尺度。换句话说，高水平的教师教出来的学生基础知识扎实，运用知识解决实际问题的能力强，掌握了自学的本领并养成了自学的习惯。这样的教与学才是高效率的。教师要指导学生掌握基本的学习方法，如按学习过程可分为预习之法、听课之法、作业之法、复习之法、考试之法等；另外，还有笔记之法、作文之法、课外阅读之法等。

三、加强思维训练

语言与思维密不可分，是人类行为的调节器。人们在相互交流时不但要运用语言，而且在进行思维活动。因此，语文教育既教学生语言，也教学生思维，培养学生的思维能力是语文教育的任务之一。具体来说，即要加强形象思维、逻辑思维和创造性思维的训练。在语文教学中，听、说、读、写都离不开思维的参与。语文学习需要悟性，这是为大部分教师所接受的观点。例如，有些意境深邃的诗歌，只能意会，它需要读者在阅读过程中用形象思维去体味、构思、想象、显现，才能悟出其中之旨。语文创作需要灵感，需要想象，这些悟性、灵感就是人的积极思维。而悟性、灵感是在大量的语言材料积累过程中形成的。每个人认识世界的活动，一方面是掌握和运用人类已经得到的知识，另一方面是获取前人没有获得的知识。在人类认识世界的活动中，无论就其中哪一方面来说，语言都起着重要的作用。语文教育是语言的养成，更是思维的养成。

谈到创造性思维的培养，1907年诺贝尔物理学奖获得者朱棣文曾说："科学的最高目标是要不断发现新的东西。因此，要想在科学上取得成功，最重要的一点就是要学会用与别人不同的思维方式、别人忽略的思维方式来思考问题，也就是说要有一定的创造性。"这就是我们常讲的创造性思维。

一般而言，思维方式主要指逻辑思维和辩证思维，而创造性思维，既是对逻辑思维和辩证思维的娴熟运用，又是一种突破常规的思维方式。它不是从一般的思维定势出发，而是在多向、发散、比较的思维过程中，进行分析判断，在可能发生的事情中预想不可能，在不可能中寻求可能的途径。这种独特的思维方式，常能使人产生独到的见解和大胆的决策，获得意想不到的效果。

要让学生学会自学，这是培养创造性思维的前提条件。所谓自学能力，不是一般的认知和感知能力，不是一种机械的记忆能力，而是指学生在教师的指导下，自觉主动地总结自己学习活动的方式、规律，有效地组织、利用影响自己学习活动的各种因素，以成功地完成学习任务的能力，它是学生基础学力的一个基本要素，对提高学习的整体水平有着重要的意义。

要让学生学会独立思考。一个只知道记忆知识的人，将永远不会独立思考；一个只有书本知识，而不会获得新知识、运用新知识和创造新知识的人，将成为新时代的文盲和庸人，不可能取得突破性的成就。亚里士多德曾讲过："思维是从疑问和惊奇开始的。"我们要把学会思考作为素质教育的一个重要内容。培养学生的阅读能力和写作能力，是中学语文教学的目的、任务；培养学生的思维能力和分析、解决问题的能力，又是提高学生阅读写作能力的基础。而启发式教学是培养学生的思维能力和分析、解决问题的能力，进而提高学生的阅读能力、写作能力的有效方法。培养学生的思维能力是运用启发式教学方法的目的。运用启发式教学要紧紧围绕这一目的，依据教材特点和学生情况，设计、组织、提出问题，启发学生的思维活动，引导学生理解、分析典范文章是怎样通过形式表达内容，达到内容和形式完美统一的。

遇到一篇课文，不知道怎样去分析，这是许多学生的通病。教师要解决这个问题，就要努力增强教学的启发性，并从思维方法上给予一定的指导。教学是否具有启发性，不能只从形式上看，不能只追求课堂的热闹，不能只看提问的次数和学生发言的人次、时间，而要从实质上看教学是否能够启发学生的思维活动和培养学生的能力。提问是启发学生思维活动经常采用的一种教学方法，但提问不一定都具有启发性。像那些过于简单浅显的问题和过于复杂深奥的问题，都难于启发学生的思维活动。前者，学生不用去想；后者，学生又无从去想。运用启发式教学，也不一定每个问题都要求学生立即正确回答，更不必因为学生对有的问题不能立即答出或答得不对，就觉得启发失当。有时，在解决问题的过程中费些周折，更能启发学生的思维能力。

四、重视语感培养

义务教育"语文课程标准"和普通高中"语文课程标准"分别提出："在教学中尤其要重视培养良好的语感和整体把握的能力。""阅读优秀作品，品味语言，感受其思想、艺术魅力，发展想象力和审美力。具有良好的现代汉语语感。"不少语文教育前辈对"语感"做过扼要的叙述。例如，叶圣陶先生说："文字语言的训练，我以为最要紧的是训练语感，就是对于语言的敏锐的感觉。"吕叔湘先生说："语文教学的首要任务就是培养学生各方面的语感能力。"有些教师大概鉴于语文教学效果不理想，因此把目光转移到"语感"问题，进而提出"语感教学是语文教学的突破口"等口号。这些教师的想法是无可非议的，但问题是要正确把握"语感"的精神实质。所谓"语感"，乃是指对语言文字的直觉感受能力，它是一种悟性、一种渗透了理性的感性、一种经过长期的、渐进的训练以后迅速做出的直接反应。究其实，"语感"的核心仍然离不开语言运用的"综合性"。不能设想，一个只掌握了若干语文知识而缺少语言训练的人会具有较强的"语感"。

"语感"的培养要做到以下几点：

（1）紧扣语文的"综合性"特点，使学生积累尽可能多的语言材料。

（2）语文知识的讲解要精到、易学，紧密结合学生运用语言的实践。

（3）在培养学生"语感"的时候，要善于从感性上升到理性。譬如，学生听到别人所说的话，凭自己的"语感"觉得不怎么通顺（这种直觉是很可贵的，也不是一朝一夕能够培养起来的）。这时就得引导学生好好想一想：为什么不通？是语法上不通，还是逻辑混乱？或是语法、逻辑都对，却不那么符合情理？这种理性的点拨虽然不必长篇大论，却是极其必要的，也是衡量教师本身语言功底的一个标志。

由此可见，只有联系语言综合性的特点，才能领会"语感"的精髓。舍此而另搞一套，另起炉灶，去搞谁也说不清的"语感实践""语感机制"等，恐怕南辕北辙，适得其反。

语文教学中培养学生的语感能力是一项长期的工作，必须贯穿教学过程的始终。

（1）诵读、背诵是训练语感的有效途径。语文教学要培养学生的语感，就要抓诵读、背诵。在反复诵读、背诵之中疏通文脉、捕捉信息、揣摩文意、把握主旨、体会感情、领略神韵，体验文本语言的亲切感、愉悦感，从而积累大量语言材料，提高语言的判断、鉴赏能力。

（2）在反复品味、涵泳中习得语感能力。品味、涵泳的过程，是对文本进行审美体验的过程。通过品味、涵泳，增强学生对语言的语音感、语义感、语法感和语用感，以提高语感层次。

语感是语文能力的基础，语感能力的高低决定语文能力的高低和语文审美能力的高低。

五、加强思路训练

思路是思想走的一条路。文章的思路是作者经过反复思考、比较之后，筛选出来的最佳行文路径。张志公先生说："客观事物反映在作者头脑中，经过观察、理解、认识的过程，形成了他对事物的印象、看法、态度或感情。他把这种印象、看法、态度或感情理出个头绪来，就是思路。"思路是学生写作时构思文章的关键，是阅读理解文章的枢纽。

文章思路具有严密的逻辑性。首先表现为结构的条理性和合理性，理清思路，就是要弄清文章的条理，在此基础上探究结构安排的合理性。其次表现为思路的连贯性，句与句、段与段一脉相连，气韵相接。

文章思路与文体相适应。不同文体的文章在表达方式、结构形式、语言风格与写作技巧方面有着明显的区别。探究不同文体的思路特点，也是理清思路的重要内容。

教学中要重视对学生的思路训练。要凭借课文，让学生去认识每篇课文独特的思路。思路是关于文章结构的最根本的东西。从理清结构入手，去把握文章思路，是可取之法。"作者思有路，遵路识斯真"，叶老的话对我们是很好的教法指导。

六、培养创新能力

我们的传统语文教学不重视对学生创新能力的培养，甚至有意无意地限制、扼杀学生的创造和创新。传统语文教学的特征是教死书、死教书；不是"以人为本"，而是"以本为本"。这样培养出来的学生综合素质低，知识面窄，缺乏创造性和创新意识。

创新是一个民族进步的灵魂，是国家兴旺发达的不竭动力，如果不能创新，不去创新，一个民族就难以发展起来，难以屹立于世界民族之林。许多专家学者都尖锐地提出，在激烈竞争的现代社会里，"不创新，就死亡"。培养学生的创新精神、创新能力越来越成为时代的要求。培养和造就高素质的创造性人才，这是知识经济时代对人才培养目标的精辟表述。我们必须转变以继承为中心的传统教育思想，树立在继承文化知识、培养学生智能的同时，更注重培养学生的创新能力的教育思想。我们必须认识到：是否重视学生创新能力的培养是优秀教育家和教书匠的根本区别之一。每一位语文教师都应该考虑这样一个问题：当学生出现"奇思怪想""奇谈怪论"时，你能否从中发现创新的萌芽？这是对教师智慧和能力的挑战。

语文教学中学生创造品质的形成、创新能力的培养应从以下几个方面着手：一是激发学生的求知欲和好奇心，培养学生敏锐的观察力和丰富的想象力，特别是创造性想象，以及培养学生善于进行变革和发现新问题或新关系的能力。二是重视学生思维的流畅性、普遍性和独创性。三是培养学生的创造性思维。也就是说，要培养学生的求异思维、发散思维。创造性思维、创新能力更多地出自求异思维、发散思维。求异思维、发散思维有利于从多视角探索种种可能。创新能力的培养不仅仅要培养传统教育注重的常规的逻辑思维能力，即求同思维、收敛思维，还应该注意培养学生非常规的甚至反常规的思维能力，即求异思维、发散思维。四是培养学生急骤性联想能力。急骤性联想是指以集思广益的方式在一定时间内采取极迅速的联想，引发新颖而富有创造性的观点。教学中，教师要相信每个学生都有创造的天赋，要千方百计使学生的创造性天赋得以展现和提高。教师要格外珍惜和爱护学生的"幼稚可笑""奇思怪想"，善于从中发现想象的火花；对那些哪怕是稚嫩的创新萌芽也要精心养护，而不要去扼杀它们。

事实证明，学生的许多发现是极具发散性和创造性的，而这种发散性、创造性正是学生身上所体现的最为可贵的思维方式。尊重学生的这些发现是培养学生创造性思维的前提，也是教师最应具备的教学素养。我们的传统语文教学所缺的正是这些，而存在着威胁学生心理安全和心理自由的观念和言行，学生的创造性就在非适宜的"气候"与"土壤"中枯萎了。教师必须保护学生的好奇心、自尊心和自信心。饱含支持、鼓励、肯定、接纳、承认、赞扬、欣赏等积极成分的环境气氛对于学生的好奇心、自信心和自尊心的保护是必需的，它适宜于学生创新能力的发展。

七、重视语言教学

字、词、句、语法、修辞、逻辑、文学常识等基础知识教学，是语文教学的永恒任务，也是语文学科工具性特点的最根本、最具体的体现。每一篇课文、每一节课都要重视语言文字教学。目前，不少中学生识字量不达标，词汇贫乏，作文语句不流畅，缺乏应有的逻辑知识，课外文艺科技书看得少，从而导致学生语言文字素养偏低。张志公先生说："文章的构成有三个方面：一是思想内容，一是结构组织，一是遣词造句。这三个方面不能互相代替，然而密切相关，文章就是这三个方面的统一体。"（《语文教学论集》）语文教学应当通过对语言文字、遣词造句的分析，弄清所要表达的内容，领悟其思想感情，再回过头来看文章的思想内容是怎样通过语言文字来组织表达的，这样表达有什么好处。如此一个来回，才能产生认识上的飞跃，才符合学生的认识规律。

八、指导课外阅读

目前的中学生在"考分"压力下，阅读面狭窄单一，无法有效提高自己的语文素养。在一项"您最希望孩子买的书"的调查中，90%的家长都选择了课程"辅导读物"。而且，中学生在有限的课余时间里，读得最多的是漫画、武侠等"休闲"作品。从以上可以看出目前中学生课外阅读的状况。针对这种情况，教师和家长应形成共识，即加强对学生课外阅读的指导。第一，适当必要的课外阅读非但不影响考分，而且有利于提高学生的语文素养，这一观点一定要确立。第二，要扩大课外阅读面，除兴趣爱好外，应广泛涉猎政治、经济、科技、文学、艺术、哲学等各个领域，要博览，知识面越宽越好。第三，要提高课外阅读的品位。对中学生来说，漫画、武侠等"休闲"类作品偶尔阅读，纯属正常；而仅止于此，则显得小儿科了。教师应根据实际情况给学生开出古今中外必读书目参考单。有人说，语文水平的提高功夫在课外，指的就是丰富、广阔的课外阅读对提高语文水平的帮助。

综上所述，从教学目标意识的确立，到教学目标的达成方法；从教法服务于学法，到重视学生思维能力的培养训练，到思路训练、语感培养、语言文字的教学，再加上适当必要的课外阅读，这几个方面如能切实做到，那么语文教学的效率是可以得到提高的。

第三节　打开语文教学之门

一、语文教学要处理好"走进教材"与"走出教材"两个环节

以往语文教学存在两大弊端：一是死扣课文，孤立分析；二是抛开课文，架空分析。前者将教材肢解，后者做空洞说教，都没能把学生领进教材。课文实为作者在特定生活情境中语用的结晶，凝聚着作者的文思和情绪，涵盖着语文知识和技能，作者的语用经验沉淀其中。语文教学若能将课文"还原"到原本的生活情境里，让学生置身语用状态中，通过解读课文里的语言文字，领会作者的思想感情，进而深入作者思维的宿地，与作者一道神游、辩论，探究作者的思想方法，作者的语用经验也就被学生接受了。因此，语文教学应该是沿着"披文（解读课文）—入情（品味感情）—入神（领悟文思）"的轨迹，引导学生由表及里地走进教材，渐入佳境，探究作者的语用经验。然后让学生带着作者的语用经验，联系自己的生活实际运用，从教材中走出来，把作者的语用经验转化成自己的经验。在这种教学思想指导下的语文教学，不再孤立地做字、词、句、篇的分析，而是以能力训练为主线。每节课根据课文特点，着重训练一个能力点，配套讲授相关知识点，以此带动全篇，在训练中培养学生的语文学习兴趣和习惯；把学生的生活体验、生活经历引入语文教学之中，让技能、习惯、兴趣的种子在学生那里着床、萌芽、生长。教师如果能在语文教学中处理好走进教材、走出教材两个环节，语文教学的效率必将产生根本性改变。

二、语文教学要面向生活，更要走进生活

语文活动的终极目的是为生活服务。语文教学只有面向生活，才能从

根本上找到教什么；只有走进生活，才能从本质上解决怎样教。

现实语文披有两张皮，一为课堂语文，二为生活语文。两张皮，两种面貌。一方面，课堂上学生倾其全力所学的语文，拿到生活中才发现没有用处；另一方面，生活处处又无时不在呼唤语文。学的不能用，用的没有学，课堂语文和生活语文极不协调。造成这种现象的直接原因是过去语文教学一直认为唯语文教材才是语文，语文教学不敢越雷池一步，否则就被视为"跑野马"，教材上的内容点点滴滴都不能放过。教学中教师不惜把一篇完整的文章弄得支离破碎，硬塞给学生。当我们静下心来反思这种教学得失的时候，才发现很多教学内容，学生终生只在学习时接触那么一次。语文教学不做学法文法指导，孤立地做字、词、句、篇的分析，学生学到的是一些生吞活剥的死知识，这是语文教学效率低的症结所在。由此观之，语文教改单在教法这样的末节上做文章，还不能解决根本问题。当前最重要的是要研究生活语文，调整课堂教学，缩小课堂语文与生活语文的差距。这就要求我们的语文教学一定要放弃陈腐的文字游戏，革除多余的教学环节。从生活的实际需要出发设计课堂教学，切切实实进行语言运用能力训练，并且设法把学生的生活体验引进课堂，把技能的操练引向生活，按照"课中学—课外练—生活里用"的思路设计能力训练。在这种教学观念指导下的语文教学，不再从课文中单方面地挖掘讲点，而是兼顾生活的要求和课文的特点，从课文中提炼能力训练点。训练时也不仅局限于对课文内涵的挖掘，而是以课堂为根据地，向四周的生活辐射，让语文教学走进生活。语文教学只有面向生活，走进生活，才能步入佳境。

三、语文教学要构建大语文教学圈

语文学习的过程从形式上看是一个历练和积淀的过程。语文教学只有构建大语文教学圈，才能关闭"必然王国"；只有让学生上圈历练，才能走进"自由王国"。

语文学习有自己的规律，学生从最初在书本上接触知识到最终完全内化、变成自己的技能需要一个过程。这一过程从表面上看是知识—技能，其实这还只是一根粗线。这根线还可进一步细分为知识—感知—体验—练习—技能。从这根较为具体的线索中，我们不难看出，要把书本中的知识，变成学生的技能，其间的历程是异常复杂的。过去语文教学仅把眼光集中在这一过程的两极上，没有看到其中间环节，所以在教学中往往采用简单的方法，试图将技能一下子"倒给"学生，结果遭到规律的惩罚。语文教改要真正有所突破，就要在中间环节上做文章，设法优化语文学习的中间过程。知识由初步接触，经过反复历练到最终领悟、完全内化是一个滚雪球式的渐进过程。经验要靠在语用中一点一点地积淀，不可能一步完成，需要依赖大量的实践环节。过去语文教学仅限于教室狭小的空间，省去了很多实践环节，欠债太多，致使不少技能学生掌握不到位，需日后到生活实践中去补课，才能最终消化，严重滞缓了技能的内化速度，影响了教学效率。由此看来，语文教学把眼光局限于课内，还不能从根本上解决自身的问题，还必须在课堂以外寻找新的天地。

学生学习和生活的课堂、校园、家庭、社会是语文学习的天然场所。我们可以通过建立大语文教学圈来开发这些环境资源，创建语言运用教学体系，最终找到语文教学的最佳途径。建立大语文教学圈，就是把学生的课外、校外生活放到语文课的高度来规划，组建一条由"课堂—校园—家庭—社会—课堂"构成的能力训练"圈"，把语文技能放到这个"圈"上，一站一站地滚动训练。这就要求我们的语文教学，一方面，要充分发挥语文课堂的语用训练职能作用，精耕细作，为学生播下技能的种子；另一方面，要充分利用校园、家庭、社会的场景优势，为学生提供实践机会，促使技能形成。有了大语文教学圈，语文教学才能从低教中解脱出来，按照语文学习的规律进行。只有让学生上"圈"历练，语文教学才能革除多年的痼疾，走上语言运用教学的正道。只有打开语文教学之门，才能迎来真正意义上的语文教学改革。

第四节　重视智力因素与非智力因素

在教学活动中，智力因素与非智力因素息息相关，相互统一。但两者发挥的作用以及各自的发展并不是同步的，也不是自发的。听其自然，往往会使某一方面得到发展，趋于成熟，而另一方面则受到抑制，处于落后状态，从而导致两者实质性的分离。因而，转变以发展智力为中心的教育思想，树立智力与非智力协调发展的教育观念，成为实施素质教育必须解决的基本问题。教育教学不仅要传授知识，开发智力，培养和发展学生的注意力、记忆力、观察力、思维能力和想象能力等智力因素，而且要注意培养、发展学生的动机、兴趣、情感、意志和性格等非智力因素，使它们相互促进、和谐结合、协调发展。

在非智力因素中情感因素极为重要。可以说，教学活动是由师生的认知因素和情感因素这两条经纬线交织而成的。

在语文教材中，无论是记叙文还是议论文，无论是诗歌还是散文，都有丰富的情感蕴含其中。这是出自作者和教材编者错综交织的情感，是物、景、人、情融为一体的产物。这就为语文教学提供了丰富的情感素材。教材是物，教师是人，是活生生的、有血有肉、有情有感的人。教师不仅自己有情感，而且能接受教材情感的刺激，并对学生施以情感上的影响。教师是教学活动的组织者和指导者，其主导地位决定了教师这个情感源点对整个教学中的情感活动具有很大的能动作用。这就要求我们语文教学要"以情施教"。教师在教学过程中，要富有情感地引导学生学习教材。对那些含有明显情感因素的教材，教师应把内含的情感通过自己的加工、提炼而展示出来，给学生以情感上的感染，使学生在接受知识的同时，也接受相应的情感影响，从而达到以情生情、以情促知、知情共育的效果。教学中，教师的语言不仅要通俗易懂、简明扼要、逻辑性强、条理性好，要讲得准确、明晰，还要生动、活泼、形象、富有情趣和感染力。教学语言不仅要能传知，也要能传情。有些课文本身不含情感因素（如有些说明文），教师也应尽可能从外部赋予它以情感色彩，让学生在接受这些知识时，也能感受到某些情感。

苏霍姆林斯基说过："没有一条富有诗意的感情和审美的清泉，就不可能有学生的全面智力发展。"柳斌同志指出："'育人以德'是重要的，'育人以智'也是重要的，但如果离开了'育人以情'，那么'德'和'智'都很难收到理想的效果。"教育是充满感情、充满爱的事业，语文教学更有着丰富、浓烈的情感因素。语文教师教得有"情"，学生学得有"情"，以"情"为纽带，把师生联系在一种融洽的课堂气氛中。教师传教材之情，抒自己之情，激学生之情，巧妙地把学生的认知活动与情感活动结合起来，才能有效地提高学生的思维品质。

第五节 传统教学手段与现代教学手段相结合

随着现代科学技术和现代教育理论的发展，人们对日益增多的各种现代教学媒体应用的研究已逐渐深化。电化教学手段的运用，带来了教学方法的革新，进而推进了教学过程和效果的最优化。电教媒体以其现代化的特点、科学化的手段、艺术化的形式在教学中发挥着日益显著的优化作用，开创了现代教学的新途径。很多教师通过亲身体验，认为电教媒体是教师的好帮手。

教学中如何运用多媒体、采用现代化教学手段呢？

一要适时。多媒体生动形象，易被感知，能吸引学生，有它独特的优势。但要用得恰当。若使用不当，随意乱用往往会适得其反。一般地讲，教材中难以用语言表达、学生缺少亲身感受或学生思维容易受阻之处，适时运用多媒体，能起到画龙点睛的作用，使学生茅塞顿开。多媒体用得适时、恰到好处，才能获得最佳的教学效果。

二要有目标。运用现代化教学手段，选用多媒体，要服从教学目标。教师要在深钻教材，准确把握重点、难点，制定出明确的课堂教学目标的基础上，设计出为了完成教学目标而要采取的方案，确定有效传递教学信息的媒体类型和使用技巧，以便使多媒体发挥更大的作用，使学生更准确地把握、理解教材内容，培养学生敏锐的观察力、灵活的思维能力，变苦学为乐学，变死学为活学，促使学生知识、能力、个性、心理诸方面和谐发展。

三要求实效。多媒体虽有其优势，但具体运用一定要实事求是、讲求实效，绝不能为用而用，摆花架子。要把帮助学生理解教材、激活知识、完成教学目标作为出发点和落脚点。教学中，通过电教媒体化难为易、化繁为简，帮助学生深刻理解、掌握规律，强化教学目标，优化教学效果，既克服教学受时空限制的缺点，又培养学生探索的兴趣，使学生形成强烈的求知欲望。

多媒体在教学中的优势十分明显，但它不能完全代替传统教学手段。教师的主导作用绝不能忽视。任何时候，教师的语言、表情、姿态、板书都是连接各种教学媒体的最活跃因素。教师是教学过程中的控制因素，其决定着现代化教学手段使用的程度和水平。我们应该看到，现代化教学手段与传统教学手段各有长短、利弊，只有相互补充和依赖，才能相得益彰；只有把现代化教学手段的长处与传统教学手段的长处在课堂教学中结合起来，才能实现教学的完美、高效。

第二章　语文教学新理念的思考与辨析

语文"新课标"提出了一系列新的教学理念，如何正确认识、准确把握、有效实施成为广大语文教师研究、探讨和实践的热点。随着研究的广泛开展、实践探索的深化，大家逐渐明确新理念并不是对语文传统教学观念、方法的全盘否定，而是在继承基础上的创新，是新的因素的渗入和积累，是在渐进中酝酿着飞跃，是针对教学内容、学生实际、教学条件等具体情况而进行的变革。当然，我们也应看到，新的教学理念的提出，是针对现实的、改造现实的。而改造现实的迫切愿望又不免使新的理念在刚刚提出时，带有某种矫枉过正的偏激和片面倾向。所以，面对新的教学理念，不能盲目照搬，而应认真思考，加以仔细辨析，以免出现歪曲和误导。

第一节　双基目标与三维目标

工具性与人文性的统一是语文课的基本特点，提高学生的语文素养是语文教育的根本目的。工具性与人文性的关系是语文课的核心关系。在新课程中，语文课的工具性与人文性是通过课程目标、教学目标来体现的。

传统语文教学强调"双基"（基础知识、基本技能）目标，而新课程则从"双基目标"走向"三维目标"，即"知识与技能""过程与方法""情感、态度与价值观"。

教学目标的变化，绝不意味着过去抓"双基"错了。《国务院关于基础教育改革与发展的决定》中指出："继续重视基础知识和基本技能的教学。"这是我国基础教育的独特优势。单拿语文来说，美国六年级学生作文的长度及表达能力大体相当我国四年级水准。我们必须充分认识我们的优势，不能抛弃。在转变学生学习方式、培养学生创新能力时，不能脱离创新的根基。"空袋子立不起"，语文教学不能忽视"基础知识与基本技能"的教学。

不过，我们应清楚，新课程"三维目标"所提的"知识与技能"跟"双基目标"的"基础知识与基本技能"既有相同之处，也有不同之处。这里的"知识"不仅包括"语文基础知识"（字、词、句、篇、语、修、逻、文），还包括"非语文基础知识"（如：社会的语言规律，他人的言语经验，个体的听、说、读、写规则，人类语言文化等）。

钟启泉先生认为：语文知识可以分为"显性知识"和"隐性知识"。"显性知识"就像冰山露出水面的部分；"隐性知识"就像冰山藏在水底的部分。"显性知识"只是冰山之一角，而"隐性知识"则占冰山的80%～90%，这就是典型的冰山模式。近几十年的语文教学强调的是"语文基础知识"，即"显性知识"；却忽视"非语文基础知识"，即"隐性知识"。新课程"三维目标"不提"基础知识"而提"知识"，其内涵就比过去更宽泛，含义更丰富，教师、学生选择、学习语文的空间更大了。

"三维目标"不提"基本技能"而提"技能"也是一样。它是将过去没有包含在内的审美能力、探究能力、创新能力、实践能力以及现代信息技能也包括在内了。

这些变化是在新的形势下，基于学生的需要、当代生活的需要和素质教育的要求对教学目标认识上的全面深化。

概括地说，"三维目标"中的"知识与技能"包括学生语言的积累，语感，丰富的语文知识，听、说、读、写能力，思维能力，创新能力，实践能力，审美能力等，即学生语文素养方面的训练和提高，体现了语文的工具性。传统教学的问题不在于重视"基础知识与基本技能"，而在于"过于重视"，把学生看成一个纯粹的认知性存在，把学生的认知活动等同于整个生命活动，造成"过于偏重知识教育，忘记了作为一个人的基本生活态度和对待事物方式的教育"。不可否认，这种以传授知识、培养和发展认知能力为核心的传统课堂教学，在开发人的认识潜能，帮助人们发现客观世界的规律，以及推动科学技术的进步、生产力的发展等方面发挥过重要作用。但是，它不是无所不能的。社会历史发展到今天，传统教学的局限性和弊端日益明显地暴露在人们面前。

当代课堂教学不仅是一个认知性的掌握知识、发展智力的过程，同时也是一个完整的人的生成和成长的过程，是一个学生生命的潜能多方位得以彰显、丰富的过程。当代课堂教学关注的应该是一个整体的人，而不是分裂的人，不仅要关注学生认知方面的发展，更要关注学生"情感、态度与价值观"的培养。课堂教学由"认知领域"扩展到"生命全域"，这是一场深层次的教育观念的变革。

《基础教育课程改革纲要（试行）》明确提出："改变课程过于注重知识传授的倾向，强调形成积极主动的学习态度，使获得基础知识与基本技能的过程，同时成为学会学习和形成正确价值观的过程。"义务教育课改精神和高中课改方案从教育观念、培养目标、课程结构、课程内容到课堂教学都体现了全新的思路，充溢着鲜活的时代气息。新课程不仅重视学生"知识与技能"的训练，还强调对学生"情感、态度与价值观"的培养，注重从知识传授转向注重学生的全面发展。我们语文教师是否认识并准确把握这种全局性的巨大转变，是一个极大的挑战。

就语文课来说，"情感、态度与价值观"是指培养学生的爱国主义、社会主义道德品质、积极的人生态度、正确的价值观，以及良好的个性、健康的人格、审美情趣、文化品位等。这些充分体现了语文教学的人文性。

语文课是一门具有鲜明人文性特征的课程，除了"知识"这一所有课程具有的共性外，其"情""意"方面的个性特征尤为显著。因而，语文教育在学生的成长过程中，对其"情感、态度与价值观"的形成，对其完美人格的塑造，理应承担起其他课程无法替代的责任。语文课程标准反复强调，"语文课程丰富的人文内涵对学生精神领域的影响是深远的""应该重视语文的熏染作用，注意教学内容的价值取向"，使学生"受到高尚情操与趣味的熏陶，发展个性，丰富自己的精神世界""形成正确的价值观和积极的人生态度"。

语文新课程的教学目标，既有知识、技能的增长，又有情感、信念、意志、价值观等的生成、发展，是语文素养与人文素养的统一。因而，语文教学不能脱离语言只培养精神，也不能脱离精神只培养语言，应是二者的交融、一体化。精神培养与语文素养的形成是语文教育的主体。

这里，我们还必须注意，无论是"知识与技能"，还是"情感、态度与价值观"都不是天上掉下来的，也不是教师单方面灌输的，而是要经过一定的过程，运用有效的方法才能掌握和形成。因而，新课程在教学目标中特别提出"过程与方法"，这是新课程的重要亮点。这是针对传统教学重结轻论、重教轻学的弊端提出来的。

在教学中，通过经历获得所需结论的必要过程，能唤起学生探索与创造的快乐，激发认知兴趣和学习动机，展现思路和方法，教学生学会学习；同时，有利于在经历过程中使学生形成进取性人格，为继续学习和创新奠定基础。学科概念、原理体系和学科探究过程、探究方法相结合，有利于学生形成一个活的学科知识结构，有助于学生的理智与精神世界获得实质性的发展与提升。

从语文课的性质特点出发，突出语文课程的实践性，"过程与方法"成为语文教学目标体系中一个重要的维度。过去我们常说学生在课堂上学习语文，现在更确切地说，学生是在课堂、社会中亲历生活，体验着由服从、沉默、竞争、辩论、合作、展示、回避、成功、失败等带来的种种酸甜苦辣、喜怒哀乐。

教学作为一种自觉地、有目的地培养人的社会活动，其全部运作都是围绕目标展开，并逐步逼近目标的过程。所以，教学设计首先要明确地提出，并清楚地陈述目标。教学目标是教学活动的出发点和归宿，是学生通过教学活动获得的预期结果。教学目标对教学有导向、指引、操作、调控和检测功能。教学目标的设计是整个教学设计的出发点。有了明确的教学目标，教学内容和学习材料才得以组织和调整，教学活动才得以合理的安排和开展，学习结果才得以预测和分析，学习评价才有科学的根据。

教学目标不是教师随心所欲的编造，不是教案本上装点门面的摆设，也不是课堂教学可有可无的点缀，而是一切教育现象、教育过程得以形成的最高基准点。

教学目标的制定是一项艰苦细致的工作。教师必须深入钻研教学内容、教学对象、教学环境等，在综合考虑各种教学因素，并找到教学内容的关键和切入口之后，才能制定出来。

　　语文课的教学设计要着眼于教学目标的整体性，要善于在整体的教学活动中统一实现"知识与技能""过程与方法""情感、态度与价值观"的目标，而不能把三者分割开来或对立起来。在进行教学设计时，还要注意"三维目标"是一种"共时性"的表述，但每一维度目标的达成其实都要经历一定的"时段"，必须有分析地研究每一项目标"历时性"的特征。一般地说，"知识与技能"目标往往可以在相对较短的时间内实现；"过程与方法"即学会学习方面的目标，需要较长的时间"习得"和"转化"；"情感、态度与价值观"的目标则可能要经过更长时间的濡染、熏陶、涵育和积淀等潜移默化的过程才能达到。因此，我们既要始终不忘以"共时"形式表达三个方面的目标，又不能把三个方面看成可以同时达到的结果。另外，将"三维目标"不加掂量和分析，机械地套用到每一堂具体的课上也不妥当，要注意"三维目标"具体落实中的灵活性。对不同的学习内容和需要、不同的教学任务和课型来说，在目标落实上总是会有所不同、有所侧重的。语文负载着传承祖国文化和民族精神的任务，有极其丰富的文化内涵、极其辉煌的人文精神，因而语文的工具性与人文性是水乳交融的。语文课程标准要求在学生语言能力发展的同时，培养学生爱国主义情感、社会主义道德品质，逐步形成正确的价值观和人生态度，提高学生的文化品位、审美情趣。在阅读中，不仅要求学生做到文通、言顺，而且还要通过阅读作品向往美好的情境，关心自然和人生，关心作品中的人物命运和喜怒哀乐，向往和追求美好的理想，从而获得对自然、社会、人生的有益启示。语文课程应使学生获得基本的语文素养和人文素养，通过"知识与技能""过程与方法""情感、态度与价值观"三个方面的整合体现语文课的价值追求。

第二节　学生自主与教师讲授

　　当代课堂教学在本质上是一个在教师引导下学生自动参与、自主发现和探究、独立思考和不断创新的过程。课堂教学是以教师的灌输式讲授为中心，还是以学生的主动探究、独立思考为主，这是区分传统教学和现代教学的重要标志之一。

在课堂教学中，教师应积极创造条件，引导学生实现学习方式的转变，从以往被动接受现成的知识向主动发现、自主探究和独立思考转变，使学习真正成为学生的自主活动。

《义务教育语文课程标准》提出："学生是语文学习的主人……注重培养学生自主学习的意识和习惯，为学生创设良好的自主学习情境，尊重学生的个体差异，鼓励学生选择适合自己的学习方式。"

《普通高中语文课程标准》提出："语文教学应为学生创设良好的自主学习情境，帮助他们树立主体意识，根据各自的特点和需要，自觉调整学习心态和策略，探寻适合自己的学习方法和途径。"

语文"新课标"提倡学生自主学习。自主学习应如何理解呢？

自主学习是学生根据自己的学习基础和学习特点自主建构认知结构的过程。自主学习不仅表现为学生外在学习行为上的主动，更表现为学生内在思维上的主动。在语文教学中，要让学生有效、主动地参与，激发学生内在的学习兴趣，启发学生积极思考，对所学知识能够进行概括、归纳、分析，主动建构自己的知识体系；要让学生通过自己观察、想象、探索，发展其独立获取知识的能力。

自主学习的特点表现在：

（1）自主学习强调学生的主体作用。也就是说，充分调动和发挥学生学习的主动性，把课堂时空最大限度地让给学生自读、自学、自问、自讲、自练，放手让学生自主地探求知识；把学习的主动权还给学生，使学生带着一种高涨的、激动的情绪从事学习和思考，在学习中感受自己的智慧和力量，体验创新的乐趣。自主学习使学生处于放松的状态，这有利于学生主观能动性的发挥，有利于学生愉快地学习、掌握知识，有利于学生创新意识的培养，从而提高学生解决问题的能力。

（2）自主学习尊重每一个学生的自主性和差异性。自主学习把因材施教落到了实处。

（3）自主学习促使师生关系发生变化。教师不再是知识的"绝对权威"，教师以平等宽容的态度积极引导、帮助学生学习，做学生学习的组织者、参与者、同伴和朋友，甘当学生创新才能的发现者、保护者，努力营造生动、活泼、愉快、和谐、学生主动参与和积极探索的课堂气氛。尽可能发挥每一个学生的主体作用，使学生在教师的引导下，善于学习、勇于探索，发挥学生多方面的潜能。

与传统教学相比，教师在课堂教学中的角色和地位发生了重要的转变，主要表现在：第一，教师帮助学生制定适当的学习目标；第二，指导学生形成良好的学习习惯，掌握学习策略；第三，创设民主、平等的课堂教学情境，激发学生的学习动机，培养学生的学习兴趣；第四，为学生的学习创设各种条件和机会，为学生的学习服务；第五，形成一种接纳的、支持性的、宽容的课堂教学气氛；第六，与学生一道寻求真理，与学生分享自己的感情和想法，并且能够承认自己的过失和错误。

在传统语文教学中，常常可以看到教师告诉学生课文写作背景，告诉学生分段及段意，告诉学生写作特点，告诉学生生字怎么读、生词如何解。尽管文言文书上有注释，教师还要一字一词地教给学生，甚至把现成的译文读给学生，让学生背和记。在教学中教师常自问自答，直接把答案告知学生。作文从命题到写什么、怎么写，一一不厌其烦地交代，比"八股文"还"八股文"。凡此种种，教师"替代"学生做的事，实在不少。教师辛辛苦苦地替代学生，而学生却越学越没兴趣，越学越不会学。他们只能硬着头皮"接受"来自老师的"灌输""传授"，而不能独立思考、主动学习。实施"新课标"要求尊重学生个体差异、鼓励学生选择适合的学习方式。少了统一，多了宽松；少了强求，多了自主，给学生展示个性创造了良好的环境。例如，学生自读课文，可放声朗诵，也可静静品味；可自由品读，也可几人齐读；可闭目背读，也可低声吟诵。但这与规范要求、良好习惯并不矛盾。规范的朗读、默读的要求，精读、略读的要求，阅读的心理卫生、用眼卫生的要求，坐正读书的要求，书写作业的要求依然不能丢。边读边想的习惯、圈点批注的习惯、写前思考的习惯、自改作文的习惯依然要培养。我们可以肯定地说，强调学生自主学习，选择合适自己的学习方式，并不是学生在课堂上可以无规无矩、在学习中可以随心所欲，课堂出现"乱堂""跑堂"教师也可不加制止。

"新课标"提倡自主学习，"给学生创设敢于发表个人见解的氛围"，要"关注学生的个体差异""尊重学生的独特见解""培养学生的创新精神"等，并不是说教师对学生只能褒扬，而全然不顾其见解与体验是否科学、合理。以学生为主体，让学生自主学习，并不排斥教师的指导和引领。强调个性、自主并不代表对学生放任自流，而是在充分尊重学生的基础上，引导学生认识更加全面，思考更加合理，体会更加深刻，情感更加丰富，实现语文"新课标"提出的"形成良好的个性和健全的人格"，促进德、智、体、美、劳和谐发展。

"新课标"倡导学生自主学习，自主不是"沙龙"闲谈，不是自由论坛，不是表面热闹。如果把"自主"绝对化，一切随学生之意，一切由学生决定，一切由学生说了算，一切由学生自己来，就变成了"放任自流"。"新课标"一方面倡导学生自主学习，另一方面还要求教师成为课程资源的开发者，成为学生学习活动的组织者和学生生命发展与成长的促进者。教师和学生两个主体要有机结合、相互促进，既不能让学生的"学"围绕着教师的"教"转，也不能让教师的"教"完全围绕着学生的"学"转，而要使师生两个主体在平等对话、互相交流中奔向教学目标。在这个动态教学过程中，学生力所能及的，教师避之；学生力所难及的，教师助之；学生力所不及的，教师为之。

避之，即让学生自己学；助之、为之，即教师释疑解难，帮助学生学。助之、为之，都离不开教师的讲授。

"自主学习"绝不是排斥教师讲授。教师的讲必不可缺，没有教师的讲，就不是教学。现在有一个错觉，好像上课教师少讲，甚至不讲就是落实了"新课标"要求，大家较着劲比谁上课"寡言少语"。有的还硬性规定教师一节课讲授不能超过多少分钟。语文课堂让学生多读、多问、多练没有错，问题是不能走极端。我们反对照本宣科、滔滔不绝、枯燥乏味、脱离学生实际的讲。但语文学科有它的特点，即鲜明的人文性，有时很需要教师栩栩如生、声情并茂地渲染，用语言创设一种美不胜收的情境，使学生愉快地去感受、去联想，从而获得知识、陶冶情操、升华思想。我们不能因为要革除传统语文教学"满堂灌"的弊端，要实施学生"自主学习"，就一味忌讳"讲授"。

一、讲授是一种传统的、常规的教学方法

"讲"在教学法中叫"讲授法"，是教师以语言为载体，向学生传输知识信息，表达思想感情，启迪学生心智，指导学生学习和调控课堂活动的一种方式。

讲授的优点在于：

（1）能充分发挥教师的能动作用；

（2）能在有限的时间内，系统、准确地教给学生应掌握的知识；

（3）能让学生尽快抓住重点、解决难点；

（4）能较快地向学生传递信息。

教师准确、流畅、清晰、生动地讲述，循循善诱、层层推理、点点入心的讲授可唤起学生已有的表象知识和经验，促进其理解与掌握知识，并能激发和维持学生的学习动机。

二、"讲授"并不必然导致"被动接受"

有人给"讲授"与"被动接受"画上了等号，认为凡有教师讲授，学生必然"被动接受"。这个结论是主观的、片面的。我们说传统教学通过灌输，使学生被动接受，这是应该否定的，但并没有否定"接受学习"。应该说，学习的本质就是一种接受。由于认识上的片面，往往把"接受学习"等同于受制于人的被动学习。学习的主动、被动并不是由学习方式决定的。接受学习是以知识的呈现和接受为目的的一种学习，而不是受制约、不自由的学习。在接受过程中，学生完全可以发挥自己的能动性，进行创造性学习。

美国教育心理学家奥苏伯尔认为学习分为"有意义的学习""机械的学习"，因而他指出，学习包括"有意义的接受学习""机械的接受学习"和"有意义的发现学习""机械的发现学习"。他得出结论：从某种

意义上讲，这种有意义的接受学习是课堂教学中学生的主要学习方式。与之相适应有意义的讲解式教学是课堂教学的基本形式，这是一种更为经济、更为高效的教学方式。

三、重新认识"讲授"的作用

我们所说的"讲授"，就是奥苏伯尔主张的有意义的讲授、学生有意义的接受。这与"满堂灌"完全不同。如果教师的讲授富有启发性、针对性，学生进行的是有意义的接受学习，这种讲授是可取的，是无可非议的。语文课改的今天，虽说"教法万变"，但万变不离其宗，即离不开教师用"讲"来指导学生学习。只要教师始终"以学生为本"，以"讲"服务于"学"，"讲"适应"学"，讲得精练、讲得有情、讲得有趣、讲得有技巧，注重讲授的科学性、启发性、系统性，注重讲授语言的准确、鲜明、生动，注重激发学生的求知欲、引发学生的创造性思维，注重学生的年龄特点、心理特点、知识特点，同样是新课程所需要的，所提倡的。

总之，教师的讲授与学生的自主学习并不矛盾，二者相辅相成，共同促进学生知识的掌握、能力的提高、素质的发展。

第三节　合作探究与求真务实

语文"新课标"倡导自主学习、合作学习、探究学习。在教学中如何实施，成为教学实践和研究的热点问题，而合作学习更引起大家的普遍关注。

所谓合作学习，是同"个体学习"相对而言的，是为了完成共同的学习任务，学生在小组或团队内有明确任务分工的互助学习。

合作学习是以现代社会心理学、教学社会学、认知心理学、现代教育教学技术等为理论基础，以开发和利用课堂中人际关系为基点，以目标设计为先导，以全员互动合作为基本动力，以班级授课为前导结构，以小组活动为基本教学形式，以团体成绩为评价标准，以标准参照评价为基本手段，以全面提高学生的学业成绩、改善班级内的气氛、使学生具有形成良好的心理品质和社会技能为根本目标，以短时、高效、低耗、愉快为基本品质的一系列教学活动的统一。

合作学习的意义在于：

（1）合作学习开辟了现代教学研究的新领域。

（2）合作学习发展了课堂教学互动理论。

（3）合作学习创新了小组教学形式。

（4）合作学习凸显了课堂教学的情意功能。

合作学习是目前世界范围内被广泛使用的课堂教学组织形式。教育学者普遍认为，合作学习是真正符合"改革"这个术语的教育改革。在语文教学活动中，学生通过与教师、同学合作、交流使自己的语文素养和人文素养得以提高，个人素质得到发展。合作学习应该成为主要的课堂教学组织形式。只有当学生之间处于一种合作关系时，课堂教学才能够真正促进学生之间的积极相互作用，从而改善课堂教学的整体效益。

小组合作学习的优点是：

（1）学习者能够产生更多、更高水平的洞察力、认知能力、道德推动能力以及深入的理解力，更敏锐的批判性思维和更深的记忆。

（2）学习者能够取得更高的成就，产生更多的有效行为。

（3）学习者能够保持更好的心理健康、心理调节和心理状况，以及更强的自尊、自信，更强的社交能力。

（4）学习者具有更大的成就动机和内在动机，对学习持更加积极的态度。

（5）学习者更能从他人的角度看问题，能够在不同种族、性别、社会阶层、健康状况的学习者之间建立积极的、支持性的同伴关系，获得更大的社会支持。

（6）有利于学习者在日常生活中迁移所学到的知识和技能。

（7）有利于学习者内隐的思维过程外显，更容易被检测、评估，并有针对性地采取对策。

当前，许多语文教师在教学中，积极实施合作探究学习，取得了可喜的成绩，创造出不少可供借鉴的经验。但我们也要看到，在实际教学中还存在着追求形式、追求表面、追求热热闹闹、追求花样翻新的浮躁现象，主要表现是：

（1）剥夺了学生独立思考的时间，过早地让学生分组合作探讨。

（2）小组划分欠科学、合理。常常以自然座位前后四人为唯一的分组方式。小组设置盲目随意。

（3）小组成员无分工，讨论起来一窝蜂，讨论结束无结果，合作关系忽视个人责任。

（4）小组合作学习探讨的问题缺少价值。

（5）对学生参与合作学习无明确要求。

（6）合作关注结果，而不注重过程。

（7）教师对合作缺少理性调控。

这样一来，合作学习就流于形式，只是表面热闹，而无实效。

这里要提醒的是：合作学习不能只求形式，只图表面热热闹闹，重要的是要求真务实。

首先，要考虑合作学习的必要性。一节课不在于分小组讨论了多少次，而在于有没有必要分组讨论。这就必须把握合作探究学习的时机。

其次，要保证合作学习的实效性。为此：

（1）小组合作学习的任务要有一定的难度。讨论探究的问题应有一定的挑战性，以激发学生学习的主动性和合作学习的激情，发挥学习小组的创造性。

（2）要开放空间和时间。要很好地分配个人学习、独立思考、小组合作学习、集体教学的时间。

（3）小组合作讨论、探究要具有民主性和超越性。这是保证合作探究学习实效性的关键。民主性表现在每个学生要充分尊重他人，认真倾听他人的独到见解，吸纳他人与众不同的观点。超越性表现在小组作为学习的共同体表现出的独创性、创造性。要做到这一点，教师要指导学生：①倾听，即心态开放，尊重、欣赏别人，吸取别人意见；②交流，即理解、沟通，各抒己见，积极对话，形成共识；③协作，即互相补充，支持配合，拓展思维；④分享，即共同取得成果，深入体验，分享成果。

（4）合作学习中要给学生提出具体要求，并随时检查、评价。要求每个学生都做到一听、二思、三说、四整理。也就是说，要求学生在合作学习中，做到动耳、动脑、动口、动手，人人都要动起来，积极参与。

小组合作学习时，组内讨论，发言声音要控制，小组内成员能听清即可，避免大喊大叫，吵吵闹闹，影响别的小组、别的同学。

总之，我们应该明确，并不是一节课搞几次分组讨论就是合作学习。这种标签式的、形式上的改变，并不是"新课标"所提倡的合作学习方式的实质。落实合作学习应求真务实，千万不可只图形式。

第四节　"对话"与"对答"

义务教育《语文课程标准》指出："阅读教学是学生、教师、文本之间对话的过程。"普通高中《语文课程标准》也提出："阅读教学是学生、教师、教科书编者、文本之间的多重对话。""对话"理论的提出，标志着我国传统语文教学将由"训诲—驯化型"和"传授—训练型"发展为现代语文教学的"对话—发展型"。"对话"理论的提出，把语文教学改革推向一个新的阶段。什么是语文"新课标"提倡的"对话"？语文教学中如何实施"对话"？由于理解出现偏颇，因而实践中就出现了偏差。

有人把"新课标"的"对话"理解为"对答"，因而教学中常常是教师问、学生答，认为这就是"对话"。

我们并不完全否定"教师问、学生答"的教学方式。在教学中恰当运用这种方式，没有什么不可以。从某种意义上讲，这也是一种对话。但它与"新课标"所提倡的"对话"相去甚远，有很大的差别。"新课标"所提倡的"对话"，是一种带有隐喻性的形象说法，并非全是你有来言、我有去语的形式上的言语应对。

"对话"有两个层面的意义：一是语言范畴的。它是指语言的对白、交流。二是心理学的。它是指对话主体间视界的融合、精神的相遇、理性的碰撞和情感的交流，是对话主体各自向对方"精神敞开"和"彼此接纳"。课堂教学的"对话"是以心理层面为主的二者的结合。

语文作为人文学科，教与学本身就是对话。读写是与教学文本的对话；听说是师生、生生间的对话。对话是改革语文教学的有效途径。语文教学的对话无处不在，因为教学内容与生活相等，生活就是对话。师生共同阅读并与文本对话，生生间关于社会人生的促膝交谈，或者就某一话题展开讨论、探究与合作，甚至调侃、争辩，这些都是对话。

语文教学的"对话"，实质是指师生以各类文章为表现形式的文本间的、心理与社会的相互作用。在阅读教学中，师生脑海中固有的知识、经历、观念、信息与文本碰撞，师生对文本的理解、体验、感悟和思考，就是"对话"。"对话"是一种思想境界的升华、一种情感的交流和美好生命的"共享"。"对话"具有生成新思维、新思想的特质。

"对话"不是"对答"，它是多层次的，主要有以下几点：

一是学生与文本对话。学生用心灵与文本对话，用情感与文本对话，用已有的知识、经验与文本对话。对话的过程是学生体验、感悟文本的过程。学生与文本对话是个体式的、个性化的，是在文本与个体学生之间展开的。学生与文本动态地进行双向互动的交往与对话，这实际也是学生与文本作者、编者之间思想碰撞、情感交融的能任意跨越时空的对话，并时刻进行着。拿阅读来说，正是通过课文这一中介，学生与作者产生精神联系，主体之间发生思想感情交流，这既是作者的思想感情进入了学生头脑，也是学生的思想感情切入了作者的世界。与其说是学生解读了作者，倒不如说是作者用文章激活了学生的思想感情。学生—文本—作者自始至终在动态地进行着双向互动的交往与对话。把预习和学生课堂自学变成学生与文本的对话，而不仅仅是熟悉课文。

二是教师与文本对话。教师要有与文本对话的良好素养，才能适应教学的要求。教师要引领学生、指导学生、组织学生学习，就必须研究文本，要有自己对文本的理解和感受，就要与文本、编者、作者、教参对话。教师阅读、理解、钻研文本的过程就是与文本对话的过程。教师要用自己已有的知识、人生的阅历、社会的经验，在与文本对话中提炼观点、归纳意义、感悟语言。教师先与文本亲密接触，自己被打动了，再站在文化平台上，找到学生与文本对话的"通道"。

以上两种对话是围绕文本来展开的。这两种对话交流的结果，一方面是读出并体验作者在文章中所传达的情感、意志、观念，品味负载这一内容的外在言语；另一方面是读出自己，以文本来观照自身，从中受到情操和趣味的熏陶，从而发展个性，丰富自己的精神世界。

三是教师与学生对话。在学生与文本对话、教师与文本对话的基础上，教学方可进入学生与教师对话。学生经过与文本对话，发现了问题，产生了疑点，有了理解的障碍和自己的想法、看法、体验，于是带着文本——教材向教师请教，与教师交流、探讨、对话。教师对文本的理解和学生的理解进行平等对话。师生对话，教师主导，双向互动。教师提出问题，学生思考回答；同时，让学生提出问题，师生共同讨论，教师谈自己对文章的理解感受，学生也谈对文章的理解感受。这里需要注意的是，虽然在人格和自主性等方面，教师和学生是平等的，但在知识和信息的拥有和交往作用方面还是有差别的。因为教师对文本的理解和学生对文本的理解不在同一层面上。教师的理解一般高于学生，具有指导性和启发性。因为在教学活动中，教师是学生的"主心骨"，学生的理解和感悟还需要教师帮助提炼、提升、提高。但这并不是提倡"霸权话语"。"对话"理论提醒教师，当学生不同意教师观点，坚持自己见解时，一定要尊重学生的个人意见，允许保留，千万不要强迫学生接受他一时无法接受的观点和见解。

北京中学语文特级教师宁鸿彬对学生有"两欢迎三允许"的规定，即欢迎质疑、欢迎争辩、允许出错、允许改正、允许保留意见。

一次期末考试，有位叫杨帆的女同学，因试卷上的一篇短文分段不当而丢分。上讲评课时，她不服气地对宁老师说："我分四段，你分三段，我认为我分得对。我不要求改分数，您给我讲讲好吗？"当宁老师讲述之后，问她："明白了吗？""没有。"宁老师换了个角度再讲，杨帆仍不懂。课后宁老师又给她讲，终无效果。这时宁老师尽管内心着急，但仍然和颜悦色地允许她保留意见。事后，宁老师教学中每涉及分段问题，总注意联系杨帆提出的问题。对此，杨帆很敏感也很执着。有一次讲到"可分可不分"的段落，杨帆当堂表示"很受启发"，声称她多分出的那一段当属此类，不应判为错。又过了几个月，宁老师讲到某些自然段，从语言表

面现象，如时间的推移、地点的转换以及人物关系的变化来看，似乎可以分段，但从文章的内在条理上看，却构不成层次，所以不应分段。至此，杨帆豁然开朗，终于心悦诚服了。

四是学生与学生对话，即小组合作学习，或全班讨论、辩论、争论。学生全员参与，充分发挥"伙伴语言"的作用。学生之间对话与听教师讲解大不相同。学生之间没有师生之间的距离，完全是一种平等的交流。学生心理放松，能使思维更活跃。学生之间思维火花互相碰撞，能激发出耀眼的光辉。学生与学生互相启发，互相补充，互相促进，比教师单向讲解更具有活力，比教师与学生的对话参与面更广泛。有些问题光靠教师与学生的对话解决不了，但经学生与学生对话就解决了，常常有出乎教师预料的效果。生生对话是信息的大汇合，每个学生都能接受多个学生的信息，极大地丰富了学生对文本的理解。在生生对话中，学生共享知识、共享经验、共享智慧、共享情感、共享语文世界的精彩美妙。

"对话"作为一种新理念，充满了把学生从被动世界中解放出来的人文关怀，使学生在对话中丰富知识、增长见识、体认自我，成长为具有能动性、创造性，具有对话理性和合作精神的人。而当前存在的问题是把"对话"简单化为"问答"，使"对话"流于形式，黯然失色。

拿文言文教学来说，串讲法一直占有很大的市场，教师成了无所不知的主角，学生是附庸，是被动的接受者。运用串讲法，尽管也能让学生掌握一些古汉语以及文章的内容和形式方面的知识，但他们学习的主动性和积极性得不到足够的展现和发挥，因而也就影响了情感的熏陶和能力的培养。对这种传统的教法应进行适当的改革，将教师的点拨与学生的自我钻研、互相讨论相结合。让学生与文本对话，与古人对话，与老师对话，与同学对话，充分发挥他们主动学习、主动求索的精神，变"教堂"为"学堂"，变"讲师"为"导师"，给学生提供自读、研讨和历练的宽广的"平台"。真正确立学生学习的主体地位，这是人才培养的需要，是现代先进教育教学思想的体现。

对话包含两个方面：一是倾听，一是言说。

倾听——在阅读对话中，首先是倾听文本。要能真正让学生倾听文

本，就要让学生接触文本，体验文本。用接受美学和建构主义的观点来讲，就是用自己的生活和艺术经验去与文本相互作用，共同建构起文本的意义。其次是倾听他人（学生或教师）对于文本的认识。倾听他人心目中的"林黛玉"与自己心目中的"林黛玉"有何不同，并从中受到启发。

言说——学生、教师将"倾听"文本的结果进行交流，以达到思想碰撞、智慧共享的目的。

教学"对话"是民主的、平等的、和谐的。"对话"中没有"绝对权威"，没有"一言堂"，没有"唯一答案"，没有终结性话语；有的是个人的领悟和体验，有的是互相交流和沟通，有的是吸取他人的长处，补充、完善自己的短处。语文课是一种最自由的精神对话，是一种最需要自由的精神创造。实现"对话"，要求教师与学生，学生与学生，师生与文本、文本作者、编者内心世界的敞开，真心地倾听和接纳对方。

人类生存的基本方式是对话，人生是一场持续的、永无止境的对话。语文作为母语和各门学科的基础，应该通过对话教学与对话实践，为学生的未来发展奠定基石。正因为此，我们关注对话，把它看作改革当今语文教学的一条途径。

第五节　发散与集中

依据教材内容设计开放性话题，培养学生多角度、有创意的个性化阅读能力，是语文课程标准的一个基本理念，也是课堂创新的一个重要策略。学习"新课标"后，许多教师认识到语文的答案是丰富多彩的，在上课时注意设计发散性问题，让学生自由发挥，这是很好的。

其实，创造性思维包括发散与集中、求异与求同，是二者里辩证统一的。对于创造性思维来说，发散与集中、求异与求同都是认识的必经过程。在教学中，为了开拓学生的思路，需要激发他们的发散思维、求异思维；为了筛选最佳答案（并非标准答案）、统一思想认识，又需要集中思维、求同思维。

我们在教学中注重培养学生的发散思维、求异思维，是因为创新更多

地出自发散和求异，发明创造是从"异想天开"开始的，创造性思维也是从发散、求异开始的。发散、求异是智慧的摇篮、创造性思维的前奏，发散、求异，才能求新、创新。教学中加强发散思维训练，要求学生从不同角度提出探索性问题，形成主动探索品质；鼓励学生标新立异，充分发挥思维力，是十分重要和必要的。

凡是有发散、求异的地方，都表明发生了创造性思维。但是，我们一定不要忘记评价和集中、求同的作用。创新实际上是从发散到集中，再到发散再到集中的多次循环过程；在这个过程中，发散阶段起着关键作用，它是创新的触发剂。但若离开集中，发散最终可能一无所获。

为了培养学生的创新意识、创新精神和创新能力，很多教师重视了对学生发散思维的培养和训练，这是应该得到赞许的。但需要注意的是：集中思维与发散思维同是创造性思维的组成部分，教学中应综合进行培养和训练，不可偏废。忽视发散教学就会拘泥于刻板的程式，造成学生思维僵化、板滞，失去创新精神。忽视集中，教学就会随心所欲，漫无边际，导致教学的混乱，造成学生基础空虚、观念错失，失去创新依据。教学只有在发散与集中的多次交换、协调活动中，才能培养学生的创造性思维。

语文课程丰富的人文内涵，决定了学生对语文的反应是多元的，在思维上是发散的。不刻意追求"标准答案"，成为广大语文教师的共识；在教学中学生思维活跃，引发出许多动人的场面，这是十分可喜的，是教学的一大进步。但在动人一幕的背后，也存在部分教师对多元化的误解、对发散思维偏执的现象。

例如，一位教师执教《孙悟空三打白骨精》一课时，结尾处提出一个问题："孙悟空、唐僧、白骨精三个人物中你最佩服谁？"学生发言很是踊跃，对孙悟空、唐僧从不同视角进行评价。正在大家热烈讨论时，突然一个学生说："我最欣赏白骨精。她意志坚强，不害怕失败，虽然没有实现自己的愿望，但这种不达目的不罢休的精神值得我们学习。"老师听了先是一愣，随即就竖起大拇指表扬："你的发言很有新意。"并鼓励全班学生给以掌声。一个凶残狡诈的白骨精竟成了学生心目中的学习榜样、崇拜的偶像，这叫多元化解读吗？这是真正的发散吗？虽然我们鼓励学生对

阅读内容做出有个性的反应，甚至是"突发奇想"，去发散、求异，但不能忽视其蕴含的思想倾向。虽然这个学生对课文做出了与众不同的反应，说的是真话，但教师绝不能只因其观点的新颖而赞赏。对学生来说尚未形成自己正确的人生观、价值观，如果教师不加引导，试想社会上真的涌现出这么一批锲而不舍、百折不挠的"白骨精"，后果会怎样？

教师的责任是在尊重学生差异性、独立性、多样性的基础上，通过师生之间的互动对话，帮助学生加深理解，进而有所感悟，受到情感的熏陶、思想的启迪，享受审美的乐趣。而这一切不能突破公德、公理、公益的底线，这就是集中的基本观念。发散不能没有集中，在发散的同时，通过集中提升学生的认识，把学生引导到正确的价值观、积极的人生态度和高尚的审美情趣上来，引导学生体验到母语的优美和提高运用语言文字的能力。

创新不等于胡思乱想，不能抛弃是非标准。创新要有正确的价值取向，要坚持对真、善、美的追求，因而创新就是发散、求异与集中、求同的统一。

有人提出，贯彻"新课标"的"创造性阅读"就是要启发学生创新理解。创新理解的要求是：一要学生独立思考；二要学生大胆质疑；三要学生提出新见解；四要学生具有批判精神；五要学生冲破思维定势，多角度看问题，多层面理解课文。还提出，数学课能一题多解，语文课也要一文多解。这些观点是符合语文教学新理念的，是应该倡导的。但是，我们必须知道，语文与数学还是有区别的。数学的一题多解，无非是解法的繁与简、思路的优与差、认知的创新与保守的区别；而语文的一文多解，就必须有一个情感、态度、价值观的底线。也就是说，有个真善美与假恶丑、是与非、正与误的底线。这就是语文课的特殊性。数学"一题多解"要集中；语文"一文多解"更要集中，要从"多解"中明是非、看正误、识真假、辨美丑。

第六节　教师提问与学生质疑

教学过程是探究问题的过程，教学活动的关键是提出问题、分析问题、解决问题，没有问题也就没有了教学。教学问题从何而来？一是教师根据学生学习的需要，提出引发学生思考、探究的问题；二是学生在学习过程中产生疑难而质疑发问。

语文"新课标"十分重视对学生思维能力的培养，而思维是从问题开始的。心理学研究认为"问题意识"制约着思维的强度、方向、策略和效率。语文教学中教师应注重培养学生的"问题意识"，常规做法是教师直接揭示学生认识上的矛盾、疑难，提出问题。这是学生思维活动的外部动因。我们不能否定教师提问的作用：

（1）教师提问对学生的思维具有始动性；

（2）教师提问对学生的思维发展具有方向性和指导性；

（3）教师提问对学生的思维具有强化性；

（4）教师提问对学生的思维具有调控和调整性。

总之，教师提问最重要的作用，是通过教师的示范、指引和潜移默化，让学生学会如何发现问题、提出问题、分析问题、探究问题和解决问题。在一定意义上，教师的提问最终是为了让学生善疑会问。

应该注意的是，教师课堂提问不宜过多、过细、过浅、过滥，应提出适量的、关键性的、具有牵引力的"主问题"，以代替数量过多的"碎问"。"主问题"是指对课文阅读教学过程起主导作用、支撑作用的问题，是能从整体参与性上引发学生思考、讨论、理解、品析、创造、参与的重要问题。这样可以大量减少无效提问，能整体带动对课文的理解品读，能形成学生长时间的深层次的课堂学习活动。

传统语文教学的弊端并不在于教师提问，而在于提问成为教师的"专利"。教师垄断了提问权，并且对提问缺乏深入研究，因而不善问，往往是"简单问""浮浅问""随意问""满堂问"，造成学生只能听而"不爱问""不会问""不敢问"，于是也就"不想问"。"新课标"要求教师转变角色，成为"学生学习活动的引导者、组织者、合作者"。当然，在引导、组织、合作中，问题的发问权不能只属于教师，主体毫无疑问应当是全体学生，还给学生发问的权利是教学理念"新"的重要标志。

学生质疑发问的好处有以下几点：

（1）能增强学生的主体性，养成学生积极思考的良好习惯；

（2）能培养学生的探究精神，激发创造性思维，提高创新能力；

（3）能提高学生的口语表达能力和自我表现能力。

在语文教学中，不只是教师提出问题、学生回答问题，还要让学生自己提出问题，这更为重要。这是学生学习中更能体现主动性的一面。知识在很大程度上是学习询问的结果，更深入地学习往往开始于"问"。教学中有目的、有计划地让学生主动参与质疑、释疑、解疑，学生将学得活，记得牢，大大提高教学效率，提高学生的思维能力和创新能力。物理学家钱伟长先生讲："学问、学问，学要问，问是学的过程……只有大脑装着无数个'问号'的人，才会有强烈的欲望去探索，去弄懂，去创新。""问号"是前进的一面旗帜，学生在"问号"的引导下前进、发展。让学生学会发现问题、提出问题是语文教学极为重要的新理念。新的语文课程改革，把教师培养学生的问题意识和能力作为提高学生主动学习能力的一个重要方面来研究，努力营造多种问题情境，引导学生掌握和确立一种基于问题的学习方式。在语文教学中要把教师提问与学生质疑发问很好地结合起来，以改善学生的思维品质，开发学生的创造潜能，使教学充满生机、活力，使师生的生命在教学中流光溢彩。

教师提问是教学的重要方法之一，是沟通师生教与学的桥梁，是传授知识的有效途径。教师提问应做到以下几点：

（1）所提问题，要能联系学生实际，激起学生思想上的波澜，点燃学生强烈的求知欲望。

（2）在学生回答问题时，善于从学生积极的思维活动中捕捉信息，并及时延伸引导，提出问题，拓展学生的思维空间。

（3）选择最佳突破口，把握时机。

（4）要把握难易度，明确对象。

（5）要有民主性，面向全体。有人提出教师课堂提问"八原则"，可以借鉴。即：

第一，精心设计，注意提问的目的性；

第二，循循善诱，注意提问的启发性；

第三，因势利导，注意提问的灵活性；

第四，难易适度，注意提问的科学性；

第五，新颖别致，注意提问的趣味性；

第六，因材施教，注意提问的针对性；

第七，面向全体，注意提问的广泛性；

第八，正确评价，注意提问的激励性。

质疑问难是引导学生主动学习的一种重要手段。教师要引导学生敏锐地发现问题，大胆地提出问题。只有今天善于质疑发问，明天才能善于创新，善于超越。教师在教学中，要启发、鼓励，使学生敢问；授予问法，使学生会问；对话解疑，使学生爱问。对学生的质疑发问，教师的态度非常重要，非常关键，正确的态度永远应当是鼓励和引导。通过鼓励，使学生从不敢问到敢问；通过引导，使学生逐步做到善于提问。要学生敢问，关键在于教师要爱护、扶持学生发问的热情。对于学生提出的每一个问题都应做到认真、善意对待，绝不能因为学生提出了没有意义、与教学内容关系不大，或者是不好回答的问题而表现出不耐烦、不高兴，甚至冷嘲热讽，或不加理睬。教学中要把学生的质疑问难作为必不可少的教学环节。我们常说，要培养学生分析问题、解决问题的能力。其实，首先应当重视培养学生发现问题、提出问题的能力，要使学生养成勤学好问的学习习惯。语文教师若能把这一点摆到教学的重要日程上，就应当说，这标志着教师的成熟、教学水平的提高、教学思想的升华。

第七节 内容开放与文本阅读

传统语文教学内容只局限于语文课本。教师除了教课本、教课文外，也极少涉及其他新的信息、新的知识。学生学语文的天地很窄、视野局限，胸襟和精神都变得萎缩、迟钝、小气了。新课程使语文教学冲破课本的樊篱，教学内容不再局限于几十篇课文中，课程资源的开发，大大丰富了教学内容。语文教学不再只是教教材，而是用教材教。新课程要求开放教学内容，教学资源开发，要跳出语文教材教语文。

目前，有句很时兴的话"语文学习的外延与生活的外延相等"。语文是生活的真实反映。学生真实的家庭生活、学校生活、社会生活，他们的各种学习、他们的内心世界、他们所生活着的每一天都是语文教学最鲜活、最生动的资源。只有从学生的生活经验出发，才能激发他们学习的积极性、主动性。语文教学要注意把真实的生活引进语文课，接通语文与学生生活经验的联系，接通语文与现实生活的联系。语文教学应向生活开放，要创造一切可能的条件，让学生充分利用他们所拥有的生活资源去学语文，用语文，让学生在真实的生活中、在真正的人与人的交际中去提高读、写、听、说的能力，去提高语文素养。

语文教学要承担培养学生创新精神和实践能力的重任，就不能狭隘、封闭、自我孤立；不能把语文封闭在课堂上、束缚于教材中、限制在教师划定的圈子内，而应使学生开阔视野，变"教科书是学生的世界"为"世界是学生的教科书"。语文教学应努力做到"面向日新月异的社会""面向瞬息万变的世界""面向丰富多彩的生活""面向光辉灿烂的中华民族文化"。要将学生的视线引向校园、家庭、社会，引向图书馆、博物馆、展览馆及各种纪念馆，引向工厂、工地、饲养场、农家小院，引向著名的大学校园、研究室、实验室……总之，语文教学要向生活开放，向社会开放，向文化科学开放，向未来开放。

《语文课程标准》提出："沟通课堂内外，充分利用学校、家庭、社区等教育资源，开展综合性学习活动，拓宽学生的学习空间，增加学生语文实践的机会。"我们要正确理解、准确把握"开放教学"，让学科教学与活动教学相匹配，课堂学习向生活世界延伸，认真读书与注重实践相结合。实施"新课标"以来，语文课堂出现了新的景象：教师、学生将教材内容扩展，相关的知识、相关的课程资源走进了教室，丰富了教学内容，改变了学生的知识结构，增加了学生的知识储备，从而使学生的语文素养获得很大的提高。广大语文教师树立起课程资源意识，充分认识到语文教学的外延是同现实生活相和谐的。教师、学生善于开发和利用各种自然的、社会的和人文的资源，促进课内外学习和运用的结合。在以教材为范例的基础上，运用多种形式，凭借各种载体，通过语文活动和社会实践、社区服务以及家庭生活的紧密联系，使语文教学的空间更加广阔，语文学习的内容更加丰富，语文学习的形式更加生动灵活。

"新课标"强调教学由封闭走向开放，强调活性资源的开发和利用，是否意味着文本（教材、课文）不重要了，可以抛开呢？笔者认为开放绝不是不要文本、抛弃文本，文本仍然是语文教学的首要凭借，是培养学生语文能力、提高人文素养、实现语文教育目标的主要依傍。过度地进行非文本活动，大量挤占学生阅读和思考文本的宝贵时间，是不利于学生语文素养提高的。

文本是语文教学之本，在各种教学资源中文本资源更为重要。语文文本（教材）是实现"新课标"的重要凭借，是众多专家学者心血的结晶，是针对不同年龄段学生的心理特点、知识结构而精心编制的。它能循序渐进地提升学生的语文层次，是通向语文美好境界的一条有序可循的"轨道"。立足文本、用好文本是新课改中每位语文教师首先要做好的。语文教学应首先引导学生对文本的语言品读、体味和热爱，对文本的情感及人文精神感悟、体会和探求。《语文课程标准》明确提出，"阅读教学的重点是培养学生具有感受、理解、欣赏和评价的能力""理解文本所表达的思想、观点和感情""理解结构复杂、含义丰富的语句"等。学生只有认真阅读文本，才能"在主动积极的思维和情感活动中"加深理解和体验，有所感悟和思考，受到情感熏陶，获得思想启迪，享受审美乐趣。只有认真阅读文本，才"有利于积累、体验，培养语感"。

新理念指导下的语文教学，固然不排除让学生走出课堂，走出文本去搜集资料，去寻找一切可以利用的语文学习资源，这是非常有意义的语文学习活动。但必须清楚，直接接触对语文文本的感知、理解、品味、感悟、积累、表达更为重要。那种脱离文本、架空文本的资源开发和利用，是对语文教学的扭曲，是对开放教学的误解。语文教学内容的开放与文本的阅读要统筹安排，开放不能挤占学生对文本的阅读欣赏、想象思考和体验感悟的时间。处理好教学内容开放与文本阅读的关系是值得研究的教学课题。

第八节　传统手段与现代技术

现代教学技术——多媒体，在教学中的普遍应用，以其图文并茂、动静相辅的形式克服了传统教学上难以逾越的障碍。多媒体教学有利于再造学习情景，提高学生学习兴趣；有利于拓展教学时空，扩大学生视野；有利于再现形象，帮助学生理解。多媒体教学把科学性和形象性相结合，把知识性与趣味性相结合，体现出其独有的魅力。多媒体教学有效地提高了教学质量和效率，有力地改变着教师的教学观念，促进了学生的个性发展，改变了学生的学习方式，改变了教师与学生在教学中的地位和教学的原则、方法、内容等。多媒体在语文教学中的运用，优化了导入环节，优化了学生习得新知的环节，优化了巩固、应用和迁移环节，优化了教学结束环节等。

多媒体应用于语文教学的确有不少优越性，但它毕竟是"辅助"手段。如果不注意"辅助"二字，就会造成人机错位，就会完全用计算机多媒体代替了教师，代替了教师教、学生学，代替了文本，代替了板书，造成学生思维能力、想象能力、阅读能力的浅层次停滞，甚至倒退。教学离不开教师，多媒体在教学中只起辅助作用，处主导地位的仍然是教师，而教育主体和学习主体永远是教师和学生。任何时候语文教学都离不开教师，任何时候教师的言语、表情、姿态、板书都是连接各种教学媒体的最活跃因素。其实，运用现代技术——计算机多媒体并不表示先进，使用新技术设备并不一定就代表了新的教育思想、新的教学理念。一堂课能否上得好，并不取决于采用什么样的教学手段，而主要是看教学理念、教师素质和教学设计、教学方法和过程。我们不能因为多媒体的运用就全盘否定传统教学手段。在看到多媒体的优势时，也要看到它的不足。用不用多媒体主要取决于教学内容，取决于教学需要和必要。但无论什么内容，无论多么需要，多媒体也只能是"辅助"手段，对其过度依赖，就会导致教师必备素质的逐渐退化。

在教学中应正确处理运用多媒体辅助教学与传统教学手段的关系：第一，多媒体不可代替教师的板书，代替板书势必弱化教师板书中归纳知识、强调重点的作用。第二，多媒体不可代替文本，代替文本会使学生失去咀嚼文本、读书思考的乐趣，影响学生读书习惯和读书方法的形成。第三，更不可用多媒体直化课文语言文字，如不当地用多媒体画面演示课文、图解课文、直化语言，就会妨碍对学生想象能力的训练和培养。

多媒体是语文教学重要的辅助手段，但绝不能把教师和学生变成多媒体的辅助。这是教学中必须认真对待的。

第三章　语文阅读教学应重视的几个问题

语文课程改革之风吹遍大江南北，各种新理念、新思想、新教法、新学法如春潮涌动，汹涌而来。在这样的情势下，我们需要保持清醒的头脑，既要不断更新陈旧的教育观念，又要革除传统教学的种种弊端；既要勇于"变"，也要敢于"不变"，凡认准了的路就要毫不犹豫地坚持。对外来的东西，不能盲目排斥，是要"运用脑髓，放出眼光，自己来拿"（鲁迅《拿来主义》），使之适合自己的实际。为此，语文教学应重视以下几个问题。

第一节　要坚守母语教学阵地

当前，在相当一部分学生甚至家长以及社会上一些人偏重数理、热衷外语、冷落语文的情况下，我们语文教师要坚守母语教学阵地，用我们的热情和执着，护卫我们中华民族之根——母语。

汉语，是我们的母语，是中华民族的标志和民族文化的重要载体及组成部分。汉字是中华民族的根基。汉字为形、音、义三者的完美结合，这是世界上任何文字都难以比拟的。一个个方块汉字显示了中华民族的方正、严整；一个个有形、有音、有义的汉字体现了中华民族的聪明才智。是汉字把中华文明记载下来、传播开来。学语文，不仅仅是学汉字、学语言、学知识，它还是接受人文教育的过程。学语文也是了解我国固有文化——民族传统文化的过程。

中华传统文化如同母亲的乳汁，哺育着一代又一代受教育者。由于有这种营养丰富的乳汁哺育，我们中华民族的心理、思想、思维方式以及我们民族的风俗、习惯、生活方式等，就自然而然地渗入到每一个成员的血肉之中，并成为我们民族世世代代生存繁衍、休养生息的凝聚力。如果说中华文化是中华民族的根，语文又是中华文化的根，那么语文自然是中华民族的根之根。

语文标志着国家的文明程度，体现着国家的主权和尊严，表现着民族精神和思想灵魂。人的成长，永远随着文化的熏陶。如果民族语文能力不强，民族的根就不牢固，那么民族的希望何在呢？母语被冷落、遭遗弃，就是丢了国家和民族的脸面，也是民族精神支柱的坍塌。漠视母语，忽略中华民族优秀文化，不仅愧对祖先，愧对五千年的中华历史，而且会影响民族素质，掣肘经济乃至整个社会的发展。

学语文，一个很重要的任务就是学中华文化，学中华民族的优秀文化。语文教材中编进了一篇篇富有教化意义的美文。语文课有着得天独厚的影响、哺育青少年一代的优势。语文课能使广大青少年学习、掌握母语，提高语文素养，同时陶冶情操，起到以美储善的作用，这是其他任何课程所不能替代的。

语文教学必须引导学生热爱并掌握与我们血肉相连的母语，熟悉并珍视中华民族优秀的传统文化，培育下一代对民族语言、民族文化的亲切感、认同感、归属感，扎稳下一代人的精神根基，认祖尊根，饮水思源，说中国话，识中国字，懂中国文，做中国人。我们教语文就是要强中华之根，固民族之本。

第二节　要教出"语文味儿"

"语文味儿"是指在语文教学中体现出语文学科作为一门既具有工具性又具有人文性的基础学科的性质来，体现出语文学科的个性和教师、学生的个性来，从而使语文课洋溢着一种独有的迷人氛围和人性魅力，使学生对语文产生强烈的兴趣，进而使师生双方得到共同发展。"语文味儿"是语文教学应该具有的一种特色、一种整体美，也是语文教学应该追求的一种境界。我们常说，语文姓"语"，不能把语文教成历史课、地理课、思想政治课、自然课、科学课，就是说要教出"语文味儿"。"语文味儿"的核心是用语文独有的人性美和人情魅力，去丰化和"磁化"语文教学过程，教出语文的文体美、情感美和语言美——这是"语文味儿"的三个要素。

一、要体现文体美

这是最基本的,即语文教学要表现出不同文体的特点来。

阅读教学,教师必须引导学生尊重文体,因为文体与阅读理解密切相关。不同文体的课文在阅读理解上有其自身的特点和规律,阅读教学必须遵循文体规律。文体不同,思路不同;文体不同,写法不同;文体不同,语言色彩不同。文体是客观存在,是我国文章学的重要内容。现在有一种"淡化文体"的观点,好像语文教学一提文体就是传统的、旧的、应该废除的。这种极端、片面的想法、说法和做法,使得学生文体意识淡薄,阅读不识文体,不知文体之美;写作不管文体,作文四不像,弄得语文不"语"。

其实,文体是上千年来人们在写作实践中摸索、研究、实践、总结出来的宝贵经验。各种文体异彩纷呈,诗歌有诗歌之美,散文有散文之美,小说有小说之美,戏剧有戏剧之美,议论文、说明文以及应用文也各有其美。别的且不说,就议论文而言,其美就在于论证的科学、严密、逻辑性强,具有不可置疑的论辩魅力。

语文教师必须有强烈的文体意识,这是语文教学最基本的要求。但在具体教学过程中,一些教师长期习惯不分文体,不管什么文体的课文,统统叫作文章;指导学生解读课文也很少从文体特点出发,造成学生心中只有文章而无文体,文体概念模糊,认识不清,这是值得我们重视的。体现文体美,是语文教出"语文味儿"的基本要求。语文教师应选择最适合文体的教学方法、教学手段进行教和学的课堂活动,让学生感悟到文体之美。

二、要体现情感美

语文课应该给师生的情感带来强烈的冲击,师生双方都被感动。在课堂教学中,要以文本为依托,以读为媒介,激昂处还它个激昂,委婉处还它个委婉,深沉处还它个深沉,欢悦处还它个欢悦,哀伤处还它个哀伤,把书面的无声语言变成有声的语言艺术。有人说："语文本是有情物，无情哪能教语文？"语文教师面对语文文本，必须是一个"情种"，要会"煽情"。师生在教学过程中，应入情、生情、动情。

比如《我与地坛》的教学，教师应引导学生读懂作者写母亲，实际是写"我"对母亲的理解，对母亲对待生命、对待命运的态度的理解，把作者以残疾之身获得的深刻的人生体验转化为身体健康却常常情感冷漠、心灵偏执的学生的人生体验。读"人"也是读"自己"，通过情感沟通，通过与文本、与作者对话，使处在幸福生活中的学生热泪夺眶而出。

情感是世界上最真实的东西，它发自内心，不可替代，难以忘怀。语文教学是师生的认知因素和情感因素这两条经纬线交织而成的。在语文教学中，沉淀感情，总比嘻嘻哈哈或无动于衷之后什么也没有留下要好得多。阅读教学需要感动，眼含泪、鼻发酸，甚至泪水夺眶而出。要教好语文，不能不重视情感的动力功能。可以说，没有情感，就没有语文教学艺术。

教材是物，教师是人，是活生生的、有血有肉、有情有感的人。教师不仅自己要有情感，而且要能接受教材情感的刺激，并对学生施以情感上的影响，这就要求语文教师要"以情施教"。教师在教学中，不仅要能传知，也要能传情，让学生在接受知识的同时，也能接受情感熏染。在教学过程中，教师要传教材之情，抒自己之情，激学生之情，巧妙地把学生的认知活动与情感活动结合起来，有效地提高学生的思维品质。

语文教学通过教材文本这个中介的作用，实现人与人情感的传达与相通。通过阅读、理解、鉴赏而生感动，使学生成为可以与他人心心相印、息息相通的人，成为一个有人性与人情的真正的人。学生作为阅读者、学习者、欣赏者，不应是一个冷漠的、麻木不仁的、无动于衷的旁观者，而应是一个体验者。

三、要品味语言美

引导学生通过辩词析句揣摩和品鉴语言，是语文教学独有的教学目标和任务。离开了这一点，就无法保证语文教学永远充满活力和生气，更无法保证语文教师的创造性劳动取得丰硕的成果。语文文本中的语言美是一种文学之美、灵智之美，是一种传情达意之美。语文教学引导学生学习语言，主要是引导学生品味文本的语言。品味语言的最高目标是审美，即领悟文本语言之美。品，即一口一口地品尝，细细地品咂。只有这样，才能尝其口味，辨其滋味，解其风味，最终知其美味。

品味语言美就是品尝文本语言所蕴含的耐人咀嚼、令人神往、悠悠不尽的艺术意味。有人说，品味语言就是要品尝文本语言的哲味、情味、智味、韵味。

品哲味，即品尝蕴含着深邃哲理的语言的意味。引导学生品出这种意味，可以吸纳文本语言的哲理睿智，从而形成生命的理性力量，构筑其精神支柱。

品情味，即品尝融合着浓郁情感的语言的意味。引导学生从文本语言中品出这种意味，可以使学生将其内化为自己的灵与肉，从而丰富学生的人性内涵，提升人格品位。

品智味，即品尝交织着丰富智慧的语言的意味。引导学生从文本语言中品出这种意味，足以使学生心灵开窍，变得聪慧、机敏。

品韵味，即品尝文本语言所描写的人情世态、山川风物隐含的那种含蓄、醇浓的意味。引导学生品出这种意味，可以使学生用诗人的情怀触摸到大地和人间的脉搏气息，滋长一双灵动的慧眼，去认识生活、自然中的各种人、事、物、景、理，练好观察、感悟的硬功夫。

语言美要品味，品味就离不开语言环境，因而语言品味要在具体语境中进行。孤立地讲字词、讲句段、讲修辞，离开了语境就无美可谈。义务教育《语文课程标准》和普通高中《语文课程标准》都强调"结合上下文和生活实际了解课文中词句的意思""能联系上下文，理解词句的意思，体会课文中关键词句在表情达意方面的作用""能联系上下文和自己的积累，推想课文中有关词句的意思，体会其表达效果""体味和推敲重要词句在语言环境中的意义和作用"。可见，"字不离词、词不离句、句不离段、段不离篇"恐怕是语言品味应遵循的基本原则。

学生阅读文本，主要通过品味语言、联想和想象来体会其艺术魅力。语言是阅读教学的总抓手、阅读教学的唯一依傍。阅读教学的其他目标必须通过语言的学习、品鉴来实现。文本教学就是以学习语言为主的教学。结合语境理解词句的意思，体会课文中关键词句在表情达意方面的作用，是语文教学的要素。语文文本中的语言不是孤立的，总是处在具体的语言环境之中。只有处于具体的语境，语言才是鲜活的、富有生命的。有位语文教师说得好："咬定语言不放松，立根课程特性中。千方百计教语文，任尔东西南北风。"

语文课的"语文味儿"，就是要在语文教学中体现出文体美、情感美和语言美三者的有机统一。"语文味儿"的最高形式体现在教师引导学生凭借自己的经历、阅历和文化积淀，去体味、感悟文本，引导学生在充分的思维空间中多角度、多层面去解读、鉴赏文本，产生对文本文体美、情感美、语言美的认同、赞赏或提出个人不同的见解，产生强烈的阅读兴趣、创作欲望。在这样长期的濡染中培养学生的语感和美感，激发学生的灵感，丰富学生的精神世界，涵养学生优美的文明气质和优雅的文化风度。

语文课教出"语文味儿"是手段，让学生成为学习的主体，学出"语文味儿"，最终具有较高的语文素养和对人生的幸福感才是目的。

第三节　要坚持对文本的认真解读

文本是阅读教学之本。坚持文本教学就是坚持语文教学的本色。阅读教学不但要帮助学生理解课文，更要通过学生的阅读实践，培养和提高学生的阅读能力，使学生学会如何品味语言、如何捕捉文字背后的隐含信息、如何揣摩文本中那些重要的暗示和提示、如何获得审美的愉悦、如何对文本作出富有创造性又符合文本实际的解读。

义务教育《语文课程标准》提出，"在通读课文的基础上，理清思路，理解主要内容"；普通高中《语文课程标准》指出，"发展独立阅读能力，从整体上把握文本内容，理清思路，概括要点，理解文章表达的思想、观点和感情"。据此，语文课的阅读教学应当首先着眼于对文章整体的把握，这是文本解读的有效途径。语文是一门综合性很强的基础学科，一篇文质兼美的课文是综合运用各种语文手段来表达某个完整思想内容的有机整体，如果不理解文章的中心、主旨，不把字、词、句、段、篇看成一个整体的有机组成部分，而是零敲碎打地进行内容解读、语言解读、能力培养，那是很难达成教学目标的。李商隐有诗曰："倾国宜通体，谁来独赏眉？"是说应从整体上去看绝代佳人之美，谁也不会单独地只欣赏她的眉毛，这一美学观点对我们指导学生解读文本也是很有启示的。

思路是文章的脉络，结构是文章的骨架。抓住了思路，弄清了结构，对文章整体了然于胸。这不仅能很好鉴赏作者谋篇布局之妙，还有助于解读作者的命意。叶圣陶说过："作者思有路，遵路识斯真。"人们常说的"肢干清而百毛顺"是很有道理的。现今，有些教师为了"落实"新的教学理念，打破传统的分析结构层次的做法，在学生对文章整体缺乏感悟，思路结构没有弄清，心中无数的情况下，让学生去说自己感兴趣的、用得好的字、词，写得好的句、段，于是学生七嘴八舌，颠三倒四，乱说一气，把好端端的一篇完整的、表达思想感情、思路清晰、结构完美的文章弄得支离破碎，好像千军万马从美丽的花园中踩踏了一通。

我们说要改变传统语义教学僵化的模式，并不是说在解读文本时不要让学生掌握文章思路、理清文章结构。阅读教学中引导学生对文章思路的缜密、结构的完美有所理解是完全必要的。再者，段落层次是客观存在，是文章内容、作者思路的外部表现形式。我们不主张机械地、过细地分段，但在理清思路、结构的过程中，自然而然地让学生弄清文章的段落层次安排是必要的。这对训练学生思维的有序性以及写作、口语表达得清楚明白都是十分有益的。很多人认为新课改就是将原来的一切统统推翻、彻底打烂，重建教学新秩序，这显然是认识上的偏差。新课改的确要破，有些方面还必须破彻底，但绝不是全破全立，而是有破坏有继承、有改革有发展。简言之，就是要对原来的教学模式进行扬弃。没有继承，就没有创新。新课改不是对原来的教学模式一律反其道而行之。

阅读教学中对文本的解读，教师要创造条件，启发引导学生自己进入文本，用自己的心灵去感悟，用自己的思想去判断，用自己的认知去创新，用自己的语言去表达。阅读教学不仅要求学生读懂文本，而且要说出自己的体验，说出问题或困惑，产生不满足感，由此激发学生指出文本的当代意义，使每个学生都能够按照自己的观念、视角与文本对话，获得各自不同的视界融合，呈现出解读的多样性。同样合乎情理的解读有深浅之分、高低之分、文野之分、雅俗之分。教师除了给予学生鼓励外，还要引导学生进行比较、鉴别，不断提高学生的解读水平。

在对文本解读时，所谓"一千个读者就有一千个哈姆雷特"，是指不同的读者从不同的角度解读哈姆雷特，绝不会是其他什么人物。在阅读教学中，强调学生是阅读主体时，强调多元解读时，不能忽略文本给予读者解读自由度的限制。既有开放性又有限制性是多元解读的基本原则。多元解读绝不等于随便、随意解读。我们必须引导学生找到文本对解读开放与限制之间的契合点，这是阅读教学最能显示魅力之处。

阅读教学要求学生直接阅读文本。文本教学永远是语文教学的主要形式。冷淡甚至架空文本，会使"语文不语"。在一些课堂上，学生品读文本的时间很少，甚至没有，导致学生认识水平在原有的层次上徘徊，从而削弱了语文课的信息功能，使得学生读起课文来结结巴巴、丢三落四，至于文章的韵味、情感和语文素养的体现和提高就更无从谈起。

文本是阅读教学的载体，是语文学习的信息源。只有立足文本，引领学生走进文本，挖掘文本中丰富、深厚的资源，才能激活学生的情感，与文本对话，与作者对话。过多地脱离文本的演绎、解说、阐释、分析，其结果只会本末倒置。一旦文本被架空，既削弱了文本提高阅读能力的作用，又流失了语文教学本应具有的丰厚的人文精神，这与新课程的新理念相去甚远。

第四节　要重视文本朗读

朗读是语文学习的第一要义，对学生学好语文有多方面的积极意义。目视其文，口发其声，耳闻其音，心通其情，意会其理，多种感官协同参与，使枯燥的文字立起来，从语音到语义，从语表义到潜藏义，全方位感知，有利于学生增强理解力。声入心通，涵泳玩索，感受文本语言的声韵美、节奏美、气势美，进而领悟词句美、意境美、情趣美，获得审美体验和情感陶冶，有利于发展学生的鉴赏力。朗读还有利于培养学生良好的语感，积累精美的语言材料，储备典范的语言形式，提高记忆力和表达力。

朗读的过程是一个人全方位地感悟自得的过程，是"入乎耳，著乎心，布乎四体，形乎动静"，形成语感的过程。语文教学的最终目的是培养学生的语文素养，而语文素养的灵魂就是语感。语感的本质就是"一读就懂，一听就清，一说就顺，一写就通"，而且要"懂得深，听得真，说得好，写得美"。语感就像乐感一样，并不神秘，既有先天的要素，更多的是后天的培养。吕叔湘认为，语文教学的首要任务是培养语感。语文"新课标"也指出：在教学中尤其要重视语感和整体把握的能力，而朗读便是整体感受语言的一种好方式。

朗读不是简单的念字，而是融入了读者对文本的感知、感觉和感受，是物理的、生理的、心理的、精神的、社会的、人文精神的音声化。朗读是多重思维、多重感觉的实践，所以它是冶炼语感的最有效的方式、方法。我们应该把朗读作为实现个性化阅读的重要途径，并且贯穿整个阅读教学始终。

语文教学应提倡朗读、重视朗读。

一要有目的地读，提高读的效率。朗读是语文教学的重要手段，是完成教学任务、达成教学目标的有力措施。在教学中教师应有目的地组织朗读。在教学中，有些教师常常"盲无目的"地让学生"读"。有些教师只追求教学表面的热热闹闹，忽略了教学目标的实施，一堂课变成了名副其实的"朗读课"。曾听过一位教师教学《与朱元思书》，一节课朗读了六遍；还有一位教师教学《海燕》，一节课朗读了四遍，却没有任何目的、要求，只是让学生读。这样，学生将课文读熟了，但解读、概括能力的提高并没有落实。其实，在朗读过程中，教师要明确向学生交代读的目的、要求，让学生带着任务、围绕目的去读，在一次次朗读中完成教学任务，达到朗读要求，实现教学目标。有位教师教学《安塞腰鼓》，确定"以读为主"，整个教学过程用四次朗读，分为四个板块，每次朗读目的明确，要求具体。一读"感知"。感知整篇散文的"情"与"意"，整体认识这篇散文是力的诗、力的歌，写出了感天动地的民族精神。二读"积累"。了解感悟散文的遣词造句、修辞手法的混用，将驰骋千里的想象力运用到声势浩大的排比格中，比喻、排比有的以短句出现，用分号隔开；有的以长句出现，独立成段，丰富而富有变化，在读者脑海里一次次强化了安塞腰鼓磅礴的气势和雄浑的力量。三读"发现"。①发现散文在谋篇布局上的独到匠心，即由序曲—展开—高潮—尾声构成，由静到动再到静，韵味无穷；②发现散文内容是倾其作者全部的感情赞颂安塞腰鼓：一赞其冲击力，二赞其震撼力，三赞其生命力，总赞其无穷魅力；③发现几处"好一个安塞腰鼓"的感情宣泄，层层加深，有赞、有爱、有自豪、有感动。四读"创造"。让学生概括全篇，完成"作者写出了的安塞腰鼓"的练习。这样的"朗读"安排，实实在在，效果不言而喻。

二要因文而异，有区别地读。不同文体有着不同的语言特点，朗读应因文而异。以诗歌为代表的历代韵文要熟读，读时应抑扬顿挫，通过音调的平仄变化来领会其含义，感受作者的情感。对于散文一类短小精悍的美文，读时应舒畅流利，从字里行间寻找与作者的感情共鸣，以此来进入文本的思想和感情境界之中。对于小说、戏剧类情节性强的课文，朗读时应把握好文中人物性格，设身处地地去品读，水到渠成地领悟作者的意图。至于议论文、说明文等非文学作品，其特征是语言准确鲜明、简洁得体，读时应注意理清思路、把握重点。明确了不同文体课文的特点，可以让学生在朗读时找准门径，选择恰当的方法。

三要及时点拨，教给读法。在朗读之前教师要指导学生了解文本写作背景、作者情况，让学生在朗读中能准确把握课文的感情，提供品味的基础知识。读中、读后都应适时点拨，教给学生读法，帮助学生深刻理解课文，提高朗读的质量和水平。有位教师教学《梦游天姥吟留别》时，给学生做了如下朗读指导："海客谈瀛洲……对此欲倒东南倾"，这一段交代梦之由，心怀憧憬，要读得节奏平缓。"我欲因之梦吴越，一夜飞度镜湖月"，这两句是由现实跳入梦境的过渡句，语速宜放慢，加以强调。"湖月照我影……空中闻天鸡"，写登山，诗人心情轻松，以五言句为主，节奏明快，富有弹性，朗读语速较快。"千岩万转路不定……水澹澹兮生烟"，画面转为灰暗，诗人心情转为沉重，采用带"兮"字的楚辞句式，读时节奏应迟缓。"列缺霹雳，丘峦崩摧，洞天石扉，訇然中开"，四言句，节奏急迫，表现诗人内心的愤激与抗争，语速快而急促。"青冥浩荡不见底……仙之人兮列如麻"，写仙境，景色壮丽，异彩缤纷，节奏又回到舒缓，情绪复归为轻松。"忽魂悸以魄动，恍惊起而长嗟。惟觉时之枕席，失向来之烟霞"，写惊梦，四句诗，每句的第一字"忽""恍""惟""失"均为一字一顿，惆怅失落之感表达得淋漓尽致。"世间行乐亦如此……使我不得开心颜"，梦醒述志，末句点亮全诗主题，读时情绪高昂、激越。这样的朗读点拨，不仅教给学生读法，同时也指导学生进一步把握诗歌的思想感情。

教学中不仅要指导学生朗读文本，还应引导学生美读文本。正如上述教读《梦游天姥吟留别》的教师那样，美读是学生进入文本的桥梁，美读可以把教材无声的文字变为有声的语言，把文中静止的感情变为真情实感，既能了解作者说些什么，与作者的心灵相沟通，又能把课文中的人物、情景、事理展现出来，使之跃然纸上，把自己带入课文的情境中去，毫无障碍地接受课文内容的熏陶感染。美读是引导学生整体感知文本的主要形式，是学生获得情感体验的主要途径。

教学中朗读课文的形式是多样的。一些教师常常喜欢采用齐读的方式，即让全班学生或部分学生齐声朗读。齐读有一定声势，能让学生都参与读，能培养学生统一、同一的意识，能培养学生的合作精神……齐读的确有许多好处，偶一用之，也会收到理想的效果。但是一些教师把"齐读"当成训练和检查学生朗读的常规形式，经常用、堂堂用，甚至一节课多次用，却没有意识到齐读的消极影响。齐读的消极的影响主要有：第一，齐读要求速度统一，于是学生之间互相牵扯。读得快的学生不得不慢一点，读得慢的学生又不得不快一点，特别是读得慢的要快，眼瞅不准字、词、句、行，于是掉字、掉句去赶，这一赶，读得快的又加速。实践告诉我们，凡"齐读"，速度都会越来越快。第二，齐读要求节奏统一，词、句、段的停顿就很不自然。读文章本应有抑扬顿挫、轻重缓急，这就要求必要的、自然的停顿，但齐读为了统一，学生在停顿处要互相等待。

这样一来，停顿就出现了该停长点却短了，该停短点却长了，听起来很别扭。第三，齐读要求声调统一，就出现了不分情感、不顾内容的"唱读"现象。学生难以依据课文的情感定声调，而是互相影响，用统一的调调，而不是课文情感要求的声调来读，形成集体统一的"唱读"调。

总之，读课文本是学生个人依据自己对课文的理解，对课文情感、节奏、语调的把握，在教师的指导下，读出自己独特的语感，读出自己独特的韵味，体验出自己独特的感受。如果一味地要求"统一""一致""整齐"，学生的个性就会受到制约而不能张扬，学生的学习就会受到限制而不能自主，学生的思维就会受到束缚而不能活跃，读就成了简单的发声训练。如此学生在读中就很难去想象，很难读出感情，很难产生提高自身语文素养的作用。"齐读"可用，却不可滥用，不可常用、多用。课堂上要学生朗读，教师提出朗读的目标要求，教给学生方法，放手让学生"自由读"，这样学生才会读得入神，读得有味，读出个人感受，达到语文教学"读"的目的。

第五节　要培养学生的问题意识

问题意识，是指人们在对客观事物的认识过程中，经常产生一种怀疑、困惑、焦虑、探索的情感与心理反应，并由此而形成的实际问题与理论问题的心理状态。通俗讲，问题意识就是经常意识到有需要探索和解决的问题的心理品质和习惯。头脑中常带问号，即使是在人们看来没有问题的情况下，也常问个"为什么"的问题意识，是一种对现象后面的本质、问题后面的答案的寻觅与探究的追求，体现着学习者与研究者对学习、研究对象的直觉、敏感与好奇，从而不断地深化对学习与研究对象的领悟，实现知识的增长和问题解决能力的提高。

问题意识是当前语文教师与学生亟待加强的素质。当代各种教学流派几乎都赞同这样一个观点："一切思维都是从问题开始的。"语文教学要促进学生思维，提高学生创造性思维能力，就应当培养学生的问题意识，鼓励学生提出问题。这样的教学才能真正调动学生学习的主动性、积极性，这样的教学才叫作问题教学，这样的教学策略才叫作问题策略。

传统教学的一大弊端就在于忽视培养学生的问题意识。在语文教学中，问题的设计者、拥有者、提出者是教师而不是学生。教师在课堂上提出问题后，最终的问题解决这不是学生，而是教师，学生只是陪衬。教师提出问题、解决问题的归宿是"标准答案"，一切教学活动都是为了追寻"标准答案"。以上弊端的症结在于教学的立足点是教师而不是学生。

"新课标"提出以学生为本，学生是学习的真正主人。

课堂教学应以培养发展学生的个性、创造性为核心，以培养学生的问题意识和质疑能力为内容。问题意识、质疑能力可以说是创新能力的基础，学生有问题才有自主、创造、发现和体验。为了有效地培养学生的问题意识，语文教师应努力做到：

（1）善于创设生成问题的情境、事例、说法，给学生布置要解决的、有疑惑的任务。一般来讲，问题往往产生于具体的情境、不平常的现象、奇异的事物以及引起矛盾的说法。教师在教学中要能引导学生对上述情况注意、重视和探究，通过积极主动地思考，提出各自的问题。这时的提问是学生在深入思考文本所描述的情境、现象、事物以及作者说法之后的质疑和困惑，是学生急需解决的问题，是学生的关注点和兴趣点。这是学生学习的动力所在。

（2）允许学生提出各种各样的问题。语文教学中教师要不怕学生问，而怕学生不问。学生不问问题，表面看好像全学懂了，殊不知它掩盖了学生的肤浅和轻率，掩盖了教师的"话语霸权"，掩盖了学生主体地位的缺失。问题意识是学生学习主体意识的反映。问题本身就是学生对文本解读的能动反映，问题的表达本身也是语文工具的实际运用。在语文课堂上，教师也应当充分鼓励学生提出问题，而对学生提出的形形色色甚至古怪、幼稚的问题，教师不应该讥笑，应尊重学生表达自己的权利，相信通过学习实践，通过教师有效的培养、引导，他们会逐步走向成熟。

（3）放手让学生解决问题。教师要鼓励学生尝试解答问题。要采用"自主、合作、探究"的学习方式，给学生主动思考、合作交流、深入探究的时间，让学生能够比较充分、完整地表达自己的观点和看法。要允许学生回答出错，允许改错，还应允许学生保留个人意见。要欢迎质疑，欢迎辩论。对语文教学来说，学生就一些问题的解答产生分歧是正常的，教师不要急于统一，更不要硬性地用"标准答案"去规范学生，要保护学生运用语文工具自由表达个人意见的积极性。

第六节　要正确把握教师的"讲授"

在落实语文"新课标"中，一些语文教师怕在课堂上"讲"得多了，省略了许多该讲的地方。其实，新的教学理念并没有否定教师的讲授，而是认为教师的讲授并不是要"宣布"某种不容置疑的金科玉律，讲授的目的是要在互动与对话中通过教师提供对文本内容的"理解"来促进、引导和支持学生运用已有经验进行知识的自主构建。因此，新课程视野中的讲授在操作上就根本不同于以往那种"灌注"的做法。"新课标"所主张的讲授是：

一、从学生实际出发

讲什么，讲到什么程度，何时讲，要从学生的实际需要出发，有的放矢，不能由教师主观推测，滔滔不绝地"下大雨"。语文教学内容十分丰富，每篇课文相关的知识很多。什么全由教师讲授，一是时间不允许，二是与学生不沾边。如果这么做了，那么老师讲得津津有味、费尽心力、辛辛苦苦，自认为营养丰富、内容充实，可学生听得昏昏欲睡、闭目塞听、心不在焉——学生不愿品尝，教师白辛苦了一场。其原因，恐怕是不符合学生的需要。因此，提高讲授的针对性、需要性是发挥好教师讲授作用的首要问题。

二、强化教师的角色意识

教师正确认识、把握自己的角色意识直接关系到讲授的心态。新课程提出教师是学生学习的组织者、引导者、帮助者，是与学生"平等中的首席"。这就决定了在讲授中，教师不是一个无所不知、无所不能的"宣谕者"，不能太执着于事先准备好的结论、过分在意居高临下的"教"者的地位；否则，就很难在讲授过程中关注学生的经验，关注学生与自己对话中冒出的新意与创见，也就很难激发学生学习的自主能动性，很难培养学生的创新精神和实践能力。教师要以开阔、深邃的眼光看待"教学任务"，既要有抓紧当下时间完成教学任务的紧迫感，还要有放眼学生未来和着意学生发展的从容。教师在讲授时还应当善于"自我控制"，就是说，教师在讲授时，应始终保持清晰的自我意识，保持较强的自我监听能力，准确地控制知识信息输出的程序、内容和形式，适时调整自己的言语速度、频率、节奏、韵味等。教师在讲授中应始终保持清醒的头脑，牢牢把握言语信息传输的主动权。

教学实践中，在以下几种情况下教师讲授言语易于失控：

（1）情绪激动时，忘乎所以，口若悬河，滔滔不绝；

（2）讲解重点、难点，唯恐学生听不懂，旁征博引，喧宾夺主，多而杂，杂而乱；

（3）讲完重点，时间充裕，闲言碎语，东拉西扯，随意填塞；

（4）讲课顺利，兴奋不已，节外生枝，尽情发挥；

（5）讲得不顺，心绪不佳，寻衅说事，借题发泄。

为了克服上述失控现象，教师一定要精心准备讲授内容，注意教学节奏，并注意在讲授中不要说以下几种话：

（1）哗众取宠的"热门话"不说；

（2）炫耀自己的"显摆话"不说；

（3）似是而非的"糊涂话"不说；

（4）可有可无的"额外话"不说；

（5）反反复复的"车轱辘话"不说；

（6）有伤大雅的"污言秽语"不说。

讲授中一点"水分"没有，就会干巴巴的、无滋无味；"水分"太多，则会影响知识信息的质量，浪费时间，也令人生厌。

三、认真准备讲授内容

课堂上讲授什么，是需要认真准备的，不是教材上的所有内容都要由教师讲。对语文教学来说，哪些是重点、难点？哪些是精髓、文眼？哪里有能力的"生长点"和思维的"发散点"？哪里学生已经了然？哪里是学生的盲区？哪些适合以文本研读为主？哪些必须实践、体验、感悟？哪些需要切中关键的点拨？哪些可以放手让学生自己去解决？哪些用"普遍性"提示？哪些要分层次指导？等等。凡是能由学生自主学习、合作学习解决的，就引导学生自主、合作去解决；凡是学生难以了断、难以解开的疙瘩，就由教师来讲授；凡是产生了新问题或新看法的，就通过对话与交流形成共识。一般就知识的分类来看，有陈述性知识与程序性知识。陈述性知识是有关"是什么"的知识，这类知识通过教师讲授，学生就可以掌握；程序性知识是有关"为什么""怎么办"的知识，这类知识需要通过学生自己的探究、体验等具体活动才能自主内化和占有。由此可见，讲授式学习和探究式学习方式各有其适合的知识类型，各有其存在的必要。新课程改革尽管提倡自主、合作、探究的学习方式，但并不因此而否定讲授式学习的价值。关键在于要讲授的内容是什么。

四、讲授与学生活动相结合

教学是教师与学生、学生与学生的多边互动。如果教师讲得声情并茂，而学生无动于衷；或者教师不遗余力地灌输知识信息，而学生无所事事、静待输入，那就难以在真正意义上促进学生发展。就学生的"素质"而言，"不可传输性"是其突出特点。学生的智慧和能力、情感态度与价值观只能在活动中形成。教师的讲授应触发学生认知与情意等内在心理活动，这只是一个方面；另一方面是要让学生"参与""投入"到某些教学活动中去，把讲授同学生的参与活动紧密结合起来，促进教师讲授的"外在"知识向学生"内部"经验转移。

新课程的语文课堂不是"讲堂"而是"学堂"。怎么学？在活动中去学习、去体验、去感悟、去掌握、去运用。于是，教师的讲授也就真正发挥了激励学生参与、引导学生投入、指导学生实践、帮助学生提高的作用。

五、增强讲授的语言魅力

夸美纽斯讲过："一个能动听地、明晰地教学的教师，他的声音便应像油一样浸入学生的心里，把知识一同带进去。"讲授的效果常常依赖于教师的语言魅力，特别是语文教师的教学语言更是搞好教学、增强讲授效果的重要因素。应力求做到：说话明白、通俗易懂、形象具体、直观性强；由浅入深、由表及里；诙谐幽默、生动风趣；声情并茂、真诚恳切；语言连贯、逻辑严密；提要钩玄、重点明确；适应学情、有常有变；依文施教、言辞各异。讲授语言最基本的要求是：准确、鲜明、生动。教师讲授时，可以灵活运用各种技巧来提高自己的语言表达能力和说服力，但这绝不只是一个习得技术的问题。教师只有提升自己的人格魅力和人文底蕴，言语才能真正焕发风采。教师还要记住古人的一句智言："辞达而已矣。"

第七节　要在写作教学中强调贴近学生

写作教学是教师引导学生运用语言文字进行表达和交流的综合性实践活动，是培养学生适应基本实际需要的书面语言表达能力的活动。写作能力是语文素养的综合体现，写作教学过程就是学生语文综合素养得到提高的过程。通过写作训练，不仅能有效地提高学生的语言表达能力，特别是书面语言表达能力，而且能发展思维、提高认识、深化阅读、规范口语表达，并能在培养审美情趣、发展健康个性、形成健全人格等方面发挥重要的作用。

长期以来，写作教学程式化、雷同化、肤浅化、庸俗化，造成学生思维萎缩、想象贫乏、个性消隐，思想功利化、语言成人化、人格多重化。为此，语文新课改提出写作教学"应贴近学生实际，让学生易于动笔，乐于表达，应引导学生关注现实，热爱生活，表达真情实感"。

贴近学生自我是写作教学的重要指导思想。写作教学应指导和鼓励学生写身边的真人真事，写自己的真观察、真感受，写自己的真思考、真体悟。鼓励学生张扬个性，表现自我，抒写心灵话语，表现自己的真实状态。

写作教学要教学生说真话、抒真情，珍视个性品格，鼓励创新精神。教师要为学生搭建自由表现个性的写作平台，让他们畅所欲言地表达他们所感知的生活，尊重他们的生命体验，还他们青春话语权。写作教学应努力做到：①命题切入学生真实生活，体现审美标准的多样化和价值标准的多元化。②突破思想禁锢，构建开放、鲜活、发散、求异的思维，激励个性化和有创意的表达，这是新课程写作教学的关键所在。

写作是一个由"材料准备—写作构思—语言表达"构成的完整过程，同时也是思想情感、个性气质表达呈现的过程。写作教学应注意过程性，实现教学过程中学生体验的生成。这就要求教师在写作教学中要思考通过什么方式打开学生的思路。事实说明，要写好作文，关键在开拓思路、启迪思维。写作教学要拓展学生的生活视野，丰富学生的人生经历和体验，释放学生的生活活力和热情，解开蒙盖学生大脑和眼睛的外部束缚，回归生活，表现生活，使作文成为学生丰富多彩生活的个性表达，让五彩缤纷的生活成为每个学生写作的源头。

写作教学要为学生从生活过渡到写作搭桥。写作教学最明智的选择，就是在学生生活积累向自主写作过渡的关键点上给学生搭各种相应的桥，让学生乐于写作，易于动笔。这桥可以是从学生零星的生活感受向完整系统的表达过渡，可以是从口头表达向书面表达过渡，还可以是从小范围的写作对象向大范围的写作对象过渡。写作教学最理想的境界是学生在写作目的上达到自觉，在写作过程中达到自主，完成草稿后达到自改。要学生写好作文，就要让学生浸泡在活生生的社会生活中去，让火热的生活将学生熔锻，在熔锻中使学生唤醒自我、确立自我、解放自我、提升自我、完善自我。

这里要特别指出的是作文不能放弃弘扬正气、求真颂美、扬善贬恶的功能。写作教学是培养德、智、体、美、劳全面发展的合格人才的重要手段。作文内容的社会性、真理性、思想性决定了写作教学必须渗透思想道德教育，必须影响学生的社会道德观念、思想政治观念及人格人品的形成。作文要求真求实、求善求美，情思健康是善和美的最起码要求。新的作文教学应以人为本、以悟为法、以真为准、以新为则，弘扬个性，贴近自我，让学生用真情去感知美、捕捉美、表现美。

第八节　要真正领会"自主、合作、探究"的内涵

"新课标"倡导"自主、合作、探究"的学习方式。在实践过程中大家认识到自主是基础，合作是过程，探究是目的，三者适时地在教学中结合运用的确对改变传统教学僵化的模式、调动学生积极参与、培养学生的创新精神和实践能力、提高教学效率有着重要的作用，收到前所未有的效果。

但由于领会上的偏差，有的教师把学生自主学习变成了教师完全跟着学生走；把合作学习简单化，不管什么问题都要来个讨论，重形式而忽视效果；对探究学习不加选择，不论什么教学内容、什么问题都来"探究"，形式主义充斥课堂。本次课程改革，尽管提倡"自主、合作、探究"的学习方式，但并未因此而否定讲授式学习的价值。"新课标"倡导的学习方式既有创新也有继承，那种片面推崇自主、合作、探究式的学习，视学生的主动探究、课堂讨论为学习的最为重要、甚至是唯一途径，从而将自主、合作、探究式学习与讲授式学习绝对地对立起来的做法是错误的。

"新课标"提倡自主、合作、探究学习，这是有着丰富的内容和深刻的理论内涵的。但有些教师对此做了极其简单化的理解：既然"新课标"提倡自主、合作、探究学习，那好，课堂上大家都来"讨论"吧。以为只要是讨论，就是自主学习、就是合作学习、就是探究学习。这是一种误解。讨论只是一种教学行为方式，本身无所谓好坏，关键在于是否需要，在于讨论了一个什么样的问题，创造了什么条件来讨论，是不是按照讨论所需要的程序和方法来讨论。对这些问题没有认真考虑，也没有按照要求组织讨论，可以说是"无效讨论"。

　　由于一些教师对自主、合作、探究的学习方式认识上的偏差，于是在教学中出现下列情况：一是无疑而讨论，无难而讨论。课堂讨论本是为了研究、解决难题和矛盾，可常常见到教师提些不是问题的问题、不难解决的简单问题让学生讨论。二是问题太大，超出学生认知水平，学生根本没有条件和能力讨论。三是提出问题，立即让学生分组讨论，不给学生思考、准备的时间，学生只能肤浅地乱说。四是不给学生提供解决问题的相关背景资料、参考资料，让学生空想、瞎说。五是讨论无组织无要求，讨论起来学生各说各话，甚至只有一人说，别的学生只是听众。六是讨论缺乏检查、指导、评价，因而有的组无人发言，有的组乱吵一通。七是不管讨论后有多少答案、意见，不组织学生辨析、筛选，统统都对，都好。八是讨论中教师没有参与，做旁观者；讨论结束教师也不做小结，不去解决学生讨论中出现的疑难和分歧意见。凡此种种，只是具有"讨论"的形式，而毫无"讨论"的意义，是典型的形式主义。

　　面对存在的问题，教师在教学中应该切实注意，正确认识和推行自主、合作、探究的学习方式，一是讨论题目可以由教师提出，也可以由学生提出，但必须是"真问题"，是需要讨论的问题。二是要给学生充分的思考时间。三是讨论要有要求，最基本的要求是让每个学生做到一听二思三说四整理，即动耳、动脑、动口、动手，全员参与，让学生在讨论中养成倾听、尊重、平等、合作的品格。四是教师要及时了解讨论情况，及时掌握可挖掘的教学资源，适时介入。当学生成功时，教师要激励他们向更高目标迈进；当学生有困难时，教师更要及时指点迷津。五是讨论结束时教师要很好地予以点评和小结，这是对学生的指导和提高。通过点评提示学生注意别人发言内容，引发思想碰撞，或启发学生发现、吸取别人的长处，互相学习。六是准确把握适宜讨论的教学内容。教学内容决定教学方式，有的内容适合讨论，有的内容适合问答，有的内容适合讲授，有的内容适合朗读，有的内容适合背诵，因文而异。绝不可为了出新而千篇一律，不管什么教学内容都讨论，只求形式上的花哨、表面上的热闹。

　　在语文教学中倡导自主、合作、探究的学习方式，不少教师创造了很好的经验和策略。只有真正领会自主、合作、探究学习的内涵，语文教学才能符合语文课程标准的要求，与时俱进。

第九节　要提倡创新精神

教师要有创新精神，就是说，在课程设计、课堂运作、学习方式、研究活动等方面，需要教师会变通、调整、开掘、借鉴、创造，不墨守成规、固步自封，面对的每一天、每一节课都是新的。教师的教学风格具有创新性，力求不断自新，即敢于否定自己，否定已有成就，时时用"重新开始"激励自己，永不停息地追求一个"新"字。当社会生活日新月异，教育变革层出不穷的时候，教师的创新是势在必行的。从新对象的设计开始，从新课程的构想开始，从对已有风格的否定开始，另觅探究、发展、创新之道。没有谁能够创造一个新的"你"，只有自己才能做到创造一个新"我"。语文教师似乎更需要一份创新的追求，因为学生面对的学习案例往往是"已有的"，甚至是"古已有之"的，给人以墨守的意味。语文教师似乎也更易于创新，只要从现成案例走出半步，就会是一片新的天地。

语文教学如何创新？需要从以下三个方面思考：

一、继承传统，开拓新路

语文教师创新的前提，是在继承从古到今有学之士、有识之士创造、积累的传统经验的基础上创出教学的新路子。创新并非否定传统、推倒传统、打破传统去搞新花样，而是在继承、改革传统的基础上创新。无视传统、丢弃传统去进行"创新"，这"创新"便成了无源之水、无本之木。我国历代是一个"重文"的国家，语文教学在我国有着丰厚的土壤、宝贵的经验，无论是识字、阅读还是写作都积累了许多可资借鉴的教法，这是其他课程难以比拟的。我们只有继承传统，开辟新路，才能在语文教学创新的路上越走越宽广。

二、需要具有反思意识

语文教学要创新，要教出水平、教出风格、教出成效，需要语文教师具有反思意识。反思是一种自我教育、自我提高的过程。什么是反思？简单地说，反思就是对你已经做过的事进行思考，看看哪些是有效的、哪些是无效的、哪些是高效的、哪些是低效的，在此基础上寻求改进。反思有长期的，也有中期、短期的。例如，教师对自己几年的学习、工作、科研做一个总的反思，从理论上加以思考，实践上加以检验，写出自己的观察和思考，这是长期的；一个月、一个学期或学年结束，回顾总结一下自己的教学情况，这是中期的；上完一节课，回顾、思考一下自己的教学，这是短期的。课后反思什么？可从以下问题出发：

这节课的目标是怎样确定的？学生是否达到了预定的目标？

这节课是怎样进行的？是否如我所希望的？

怎样用教和学的新理念阐释我的这节课？

这节课自己是否满意？满意与不满意的地方在哪里？为什么？

这节课对以后教学的借鉴作用是什么？等等。

根据这些问题，判断自己是否成功地达到和完成了教学目标、任务，是否需要重新设计教学或试一试新的策略。本来这个工作，我们过去也一直在做，每学期结束总要写小结、总结。但是"教育反思"与学年总结一个最大的不同之处是：①教育反思是一种自觉的行为，而不是一种例行公事；②教育反思无处不在，时时需反思；③教育反思要以理论为指导，以理论检验自己的工作，而不仅仅是经验总结；④教育反思还需提出未来的设想。这里"自觉"是关键。

为什么要反思？简单地说，是要提高教学工作效率。孔子曰："学而不思则罔，思而不学则殆。"其实用到教师身上，教而不思也会罔。我们认为教师是一种专业，教学工作是一种创造性劳动。创造性劳动就不是机械重复。"做一日和尚撞一天钟"固然不行，即使扎扎实实埋头苦干，也不符合要求。我们经常看到不少教师辛辛苦苦、勤勤恳恳一年忙到头，结果教学效果并不好；自己累了不算，学生也疲于奔命，以致厌学。这就需要反思，需要寻找其中原因："为什么别人比我省力，效果反而好？"有人问罗丹什么是雕塑艺术时，罗丹回答说："砍掉多余的部分。"教学作为一门艺术也要减少无效劳动。但是，"砍掉"什么，如何"砍"，就需要反思，需要研究，需要理论指导和实践检验。这本来是很容易理解的，但是实际情况是：重视并自觉进行反思的人并不多。教师苦口婆心地开导学生，学生却犹如东风入牛耳。这就需要教师反思：为什么学生不愿听？是我哪个教学环节出了毛病，还是学生另有原因？假如教师缺乏反思意识，就会借机批评、讥讽、训斥学生，以至把师生关系搞僵。反之，教师可以通过反思，寻找上课中出现这样那样问题的根源，就可以获得经验或教训，下一次就不会重蹈覆辙。问题就在于教师很少去反思。

反思概括起来有两种形式：

一是自我反思。可以通过反思日记、反思随笔、反思札记以及反思性交流、座谈，对自己的教学进行深层次的探究。

二是与他人共同反思。这种反思具有开放性，有一个合作、交流、沟通的氛围，听取别人对自己教学的评论、意见、建议，在此基础上进一步总结自己的教学经验，批评自己的不足。

这两种反思相互交叉、重叠和关联。通过这样彻底而全面的反思，使教师摆脱一些职业的惰性和局限，找到行动的方向和方法，成为充满自觉意识和创造活力的群体。

教学反思是以发现问题、促进提高为目的的课堂教学研究活动。现代教师要敢于否定自己、更新自己、发展自己与提高自己。而其中最为基础的是否定自己。只有及时地看清自己的不足，才能更新自己、发展自己与提高自己。教学反思是发现自己不足的最好途径，也是教师提高自己的最有效的方法。

教学反思是教师依据先进教育思想、教学理念和课程标准，不断探讨与解决教学目标、教学内容、教学方法、教学手段及自身方面的问题，不断提升教学实践的科学性、合理性和实效性，使自己成为优秀教师的一种方式和途径。有专家指出："没有反思的经验是狭隘的经验，至多只能成为肤浅的知识。如果教师仅仅满足于获得经验，而不对经验进行深入思考，那么他的教学水平的发展将大受限制，甚至有时会滑坡。"

美国学者波斯纳认为：教师的成长=经验+反思。教师不假反思，机械讲解的教学把学生变成了容器，学生成了任教师灌输的存储器，这种教学消解了学生所应有的批判反思的性格，学生只能接受、输入并存储知识，而教师进行的也只不过是机械地复制文化知识。很显然，没有反思，就不会警醒，也不会有变革的愿望和勇气。而当教师把思想的目光投向自己的教育教学活动轨迹的时候，就意味着对"旧我"所包含的教育理念和行为的扬弃，也意味着对未来发展图景的规划，这是一种自我超越。可见，不断进行教学反思的教师，自然会成为一名好教师。

研究发现：教师在取得一定的教学经验和成功，达到一定的高度之后，很容易出现停滞性"高原反应"。只有不断反思自我，才能突破"高原反应"，再上一层楼。

教学要实现教学目标，完成教学任务，一方面，需要科学的理性态度和方法对教学的本质加以深刻理解；另一方面，要求教师认真检讨自己的教学设计、教学行为。教学反思的道德基础是必要的谦逊、足够的勇气、公正的品质、豁达的胸怀、丰富的情愫；有耐心、有自知之明、有亲和力、有团队精神。

教师在教学中不断反思，随时对自己的教学实施有效的监控和调控，这正是走向成熟的途径和标志，也是教学创新的必由之路。

三、创新要以教研为基础

语文教师要在教学上有创新、有突破、有提高，必须重视教学研究，积极进行教学研究。语文教学研究，就是运用教育理论和方法，研究解决语文教育的理论问题和实践问题，认识和掌握语文教育的客观规律，以提高教学质量，丰富教学理论，促进教学改革。

语文教学研究能力，是语文教师智能结构中最高层次的专业能力。现代和未来的语文教师，必须是学者型、科研型教师，是语文教育的革新者、探索者。具有教学研究能力的教师，教学才能常教常新，不断升拓新的领域，创新教学方法。

语文教学研究的内容有教材研究、教法学法研究和教育理论研究。对语文教师来说，更偏重于教学实践中存在问题的研究，因而行动研究是语文教师主要的研究方式。

语文教师要积极、主动地进行教学研究是时代的需要，也是实际工作的需要。一个好的教师，必须一面脚踏实地地教书育人，一面不断地学习、进修、搞教研。好的语文教师必须是有教研意识的，比别人站得高、看得远、想得深的人。这样，才能不断提高教学水平。

总之，语文教学要创新，绝不是喊几句口号、换些花样就能奏效的，必须花一番功夫，费一些气力，流几滴汗水，扎扎实实、一步一个脚印地走下去，在继承传统、反思教学、研究教学的路上开拓进取，方能成功。

第十节　语文教师要与新课程一起成长

新世纪的教师重任在肩，在新的课程改革和教学实践中，语文教师需要努力转变角色，学习、掌握新的教育理论及专业知识、专业技能，改变自身的教学行为，与新课程同行，与课程改革一起成长。

一、具备与新课程相适应的课程意识和课程能力

课程意识是教师在履行教育教学职责过程中，对国家、地方、学校课程有目的、有意义的反映及有方向、有层次的追求和探索，是教师执行课程标准、落实课程方案的内驱力。一名优秀的教师不仅是忠实、圆满地教授规定内容的教师，还应该是主动、合理、创造性地丰富和调整教学内容的教师。这就需要提高教师的课程意识。教师在设计教学目标、选择课程资源、组织教学活动、学习和掌握现代教学技术、参与研制开发学校课程、探索和运用先进教学方法、不断提高师德素养和专业水平方面，都必须以教师个人的课程意识为前提。

与新课程相适应，一个语文教师应具备以下几个方面的课程意识：

一是课程设计意识。现代语文教师不仅要完成规定内容的讲授，还应该根据语文学科特点，学生身心发展规律，现代社会、政治、经济发展的需要，主动、合理、创造性地设计课程和教学策略，创设能引导学生主动参与的教学情境，并注重语文课程的系统化和综合化。

二是课程目标意识。语文教师不仅要重视知识的传授，更要树立为了全体学生的发展、为了学生的全面发展、为了学生的个性发展的课程目标意识。

三是课程实施意识。语文教师不是语文课程被动的、消极的消费者，而是要成为一个主动的、积极的构建者。在课程实施的过程中，提倡自主、合作、探究的学习方式，引导学生质疑、调查、实践、参与，培养学生的问题意识，还要充分发挥信息技术的优势，促进教学效率的提高。这些都需要语文教师具有主动、积极的课程实施意识。

四是课程开发意识。语文教师是一个课程开发者。语文教师连同学生成为建构积极的教育经验的主体，尤其是校本课程的开发和研究性学习的推进，更需要语文教师具有课程开发意识。

五是课程创新意识。语文课程改革需要创新，语文课程运作需要创新，语文教学需要创新，语文教师的课程创新意识是学校教育教学创新非常重要的一个方面。

六是课程评价意识。改变以往课程评价中过分强调选拔和甄别的意识，建构以人为本，促进人的全面发展和个性发展的评价机制，充分发挥评价的检查、诊断、导向、反馈、激励等多种功能。与新课程相适应，语文教师应具备的课程能力是：课程设计和课程开发的能力；处理教材、选择教学内容、编写教材的能力；传导信息、组织教学的能力。

二、具备与新课程相适应的语文专业工作方式

一是改善自己的专业结构，使自己具有更广阔的知识视野。除了语文学科的专业知识外，还应当涉猎教育、心理、科学、艺术等领域，拓宽自己的知识面。

二是学会开发利用课程资源。语文教师应当学会主动地、创造性地利用一切可以利用的课程资源为教学服务。语文教师还应该成为学生利用课程资源的引导者。

三是教师之间应更加紧密地合作。新课程增强了教育者之间的互动关系，引发教师集体行为的变化，并在一定程度上改变教学的组织形式和教师的专业分工。因此，必须改变教师之间彼此孤立和封闭的现象。语文教师必须善于与他人合作，与本学科教师合作，与不同学科教师合作，与电教、图书等各方面人员打交道，在更大的空间、用更加平等的方式从事工作。

三、具备与新课程相适应的教学能力

新课程对教师的教学能力提出了更高的要求，主要包括以下几个方面：

一是研究性学习活动的教学设计能力。语文教师在教学中应从更高的层面和更广阔的视角，根据研究性学习的内容和学生发展的需要作出构思和处理，并设计适合研究性学习的教学方案，根据方案进行具有特色的教学活动。这就要求语文教师必须具备创新教学设计的能力。

二是指导学生学习的能力。语文教师要按照学生的实际要求，提供信息，启发思路，补充相关知识，引导学生对某些已有结论进行质疑，探究不同的结论，大胆创新，从而促进学生自主学习。

三是合作教学的能力。一方面，在新课程的背景下，教师走下了权威的讲坛，和学生一起求知，一起探索，一起研究，一起解决问题。在这种平等交流、对话协作的伙伴关系中，需要师生融为一体，共对问题情境，共赴教学目标。另一方面，需要教师之间理智判断，善于沟通，密切合作，提供支持，启迪灵感，共享智慧，减轻负担，共同发展。

四是综合评价的能力。新课程强调以学生为主体，注重培养学生的创新精神和实践能力、终身学习能力和适应社会生活的能力；注重体验和掌握科学研究的一般过程和方法，具有科学精神，形成科学态度，培养团队合作精神，学会与人交往。这就要求语文教师必须树立新的评价观，具有

综合评价能力。

四、具备与新课程相适应的自我反思能力

教师要成为"反思型实践家"。提倡反思是新课程强调的实践品格，是这次新课改与以往课改的根本区别之一。教师能否通过反思，从众多的教育教学理论和教学策略中选择适合自己专业发展的道路，在整体上构建起一个多元化的课程文化氛围，是课程改革能否成功的最终决定因素。它要求教师把"自我"和教学活动的内容、形式、过程、结果等作为反思的对象，不断地对其进行计划、检查、评价、反馈、控制和调节。反思是教师之所以成为专业化教师的核心所在，是教师自我适应与发展的核心所在。教学反思是教师借助行为研究，不断探讨与解决教学目标、教学工具与自身方面的问题，不断提升教学实践的合理性，使自己成为优秀教师的一种方式和途径。

五、具备与新课程相适应的现代教学技术能力

把计算机知识、技能和辅助教学的培训作为实现全员培训的突破口，以提高教师获取信息、获取知识、接受新技术、新方法的能力。推进信息技术与语文学科的整合，在语文教学中适时、适当地应用信息技术手段，实现多媒体教学进入语文课堂。

在"人—机—人"的新型教育系统中，语文教师必须从信息时代的教育特征及人才需求的实际出发，重新界定自己的角色地位，认识信息技术的变革对教育现代化的影响，并逐步提高自己的信息素养和处理、应用信息的能力。只有这样，才能更好地适应教育改革发展的需要，承担起现代教育所赋予的重任。

总之，新课程需要新型的教师。新课程中教师行为的变化，已经不取决于个人的选择，而是一种教育情境的规定、一种课程发展的趋势。新课程改革不仅对教师提出了新的要求，同时也为教师的发展提供了广阔的空

间和舞台。语文教师要在此次课程改革中把握发展的主动权，在新课程中享受教师这一特殊职业内涵的欢乐和尊严，就要通过不断的变化和发展，努力把自己铸造成适应21世纪中学教育要求的一代新型语文教师。

第四章　面对传统文化语文新课程的语文教学设计

　　教学设计是指教师依据教育教学理论、教学艺术原理，为了达到一定的教学目标，根据学生的认知结构对教学课程、教学内容、教学组织形式、教学方法和需要的教学手段进行的策划。面对新课程的语文教学设计，就是语文教师根据新课程新的教育理念和语文教育原理，按照"新课标"提出的课程目标、教学任务及要求，针对具体的教学对象、教材和教学环境对语文课堂教学作出预期的可行的策划。

　　面对新课程的语文教学设计，从教学目标、教学内容，到师生角色、教学活动方式、教学方法和手段，都是以"新课标"的新理念为指导。新的理念认为，教师和学生都是教学过程的中心，教师是教学过程中的"教育主体"，学生是教学过程中的"学习主体"。教学设计要想摆脱传统教学，不能仅凭教师经验和主观愿望来"备课"或"写教案"，而要在充分研究"学习主体"——学生的实际需求的基础上来设计，立足学生、面向学生、提高学生，达成教学目标。

　　语文教学设计应遵循准确、合理的科学性原则；独立自主、别具一格、高品位的独创性原则；激发学生自主参与、自主学习的主体性原则；适应不同层次学生的因材施教原则；有的放矢的目标导向原则；创造活化学生思维、拓宽学生思考空间的课堂环境的开放性原则和给学生一定发展空间的弹性原则。

　　教学的先进与否关键取决于教师的教学思想，而教学思想最先反映在教学设计之中。教学设计思想是教师教学思想的集中体现。要保证教学的先进，必须树立正确的教学设计思想，具体表现在：①主体教学观。一切为了学生，学生是学习的主人，是课堂学习的主体。②民主教学观。尊重学生，不独断专行，消除学生的压抑感，构建和谐融洽的课堂学习氛围。③大语文教学观。扩大视野，广开渠道，大容量、全方位，把真实生活引进语文课堂，接通语文与学生生活经验的联系，接通语文与现实生活的联系。④思维教学观。培养学生独立思考的习惯和创造性思维能力。⑤分类教学观。承认差异，分类教学，相互学习，相互促进。

语文教学设计的基本要求是：①充分体现新课程的新理念。"以学生的发展为本"是新课程的基本理念。"学生的发展"既指全体学生的发展，也指每个学生全面和谐的发展、终身持续的发展、活泼主动的发展和个性特长的发展。教学设计要为每个学生的发展创设适宜的学习条件。②以"新课标"为指导。语文课程标准是语文教师教学工作的指南。新课程标准集全国教育研究者、语文教学实践者的智慧，内含新的教学理念，有规范教学目标、思想、行为的法规性和权威性作用。设计语文教学必须以语文课程标准为指导。值得注意的是，语文教师不只是要严格地依据课程标准，忠实地实施课程标准，还要成为语文课程的创生者、开发者。③以教材为依据。教材是课程的主要资源，教学设计不能抛开教材，另搞一套。教学设计过程中，一要统观全套教材，了解编辑意图；二要熟悉整册课本，明确该册的教学重点；三要钻研教材内容，研究教学策略；四要灵活运用教材。④突出创新精神和实践能力的培养。这是素质教育的核心。教学中着重培养学生搜集和处理信息的能力，获取新知识的能力，提出问题、分析问题、解决问题的能力和团结合作的能力。让学生感受、理解知识产生与发展的过程，创设自主参与、探究发现、合作交流的教学情境。⑤突出语文学科特点。语文教学设计要设出"语文味儿"，即教学设计要体现语文学科的文体（语体）美、情感美和语言美，要体现三者的有机统一。⑥教学过程设计合理、教路清晰、结构完善，教学手段适宜。⑦教学设计适应学生的学习心理和年龄特征。⑧辩证地认识和处理课堂教学中的多种关系；辩证地分析和处理各种资源的系统规划与安排，如教与学、书本知识与学生经验、知识的结论与过程、目标与策略方法等关系，避免绝对化、一刀切。

总之，教学设计是教学活动的前期准备，是达成教学目标、完成教学任务不可缺少的重要工作。它有助于教师角色的自我认识，有助于提高教师的教育教学理论水平，有助于教师的思想创新和教学创新，有助于学生主体地位的落实，有助于科学地组织教学和评价教学。

第一节 教学目标设计

教学目标是指教学中师生预期达到的学习结果和标准。传统教学教师备课常提"教学目的"，而"新课标"则提"教学目标"，这二者是一回事吗？"目的"与"目标"从词义上讲是同义词，以前在教育教学领域常常混用，其实二者是有区别的。近年来，一些教育研究者开始注意到，无区别地使用"目的"和"目标"会引起概念的泛化和混乱，于是提出了"教育目的""培养目标""课程目标""教学目标"四个层次的不同概念和不同表述。

教育目的，是各级各类教育总的要求和规定，对一切教育教学活动具有指导和制约作用，具有高度的原则性、抽象性、概括性，因而具有广泛的适应性。

培养目标，是相关领导部门和学校根据教育目的制定的某一类教育、某一类学校或具体学校符合社会需要的育人的标准和要求，与教育目的之间是具体和抽象的关系。

课程目标，是根据国家的教育方针、教育目的，结合某一类教育的培养目标提出的依据学生身心发展规律，通过学科内容的学习，完成规定的教学任务所要达到的目标。课程目标是从学科课程的角度出发，规定具体课程人才培养的规格和质量要求。

教学目标，即课堂教学目标，是教师备课和教学所提出和遵循的目标，是教师教和学生学的方向和结果。教学作为一种自觉地、有目的地培养人的社会活动，其全部运作都是围绕目标展开并逐步逼近目标的过程，所以教学设计首先要确定并清楚陈述目标，这是教学活动的出发点和归宿，是预期学生通过教学活动获得的结果。教学目标对教学具有导向、指引、操作、调控、检测等功能。制定教学目标要具体、明确，符合课改理念和学生需要，必须考虑"知识与能力""过程与方法""情感、态度与价值观"三个方面。

一、语文教学目标设计的特点

第一，教学目标的设计以学生的全面发展为起点和终极。语文教学目标的设计必须为每一个学生着想，为学生的全面发展着想。语文教学目标应该从知识与能力、过程与方法，情感、态度与价值观三个维度整体来进行设计，使学生得到全面发展，使学生语文素养得到整体提高。

第二，教学目标的设计充分体现人文精神与科学精神的融合。语文教学目标的设计应涵盖工具和人文的内容，两者应有机地融合在一起。在工具运用中体现人文，在人文追求中运用工具，如同一个生命机体内的灵与肉一样不可分割。

第三，教学目标的设计突出语文实践性的特点，着重培养学生的语文实践能力。语文教学目标的设计对语文实践的构想应更具开放性，应突破以往单调的、封闭的"知""能"互动，代之以鲜活的综合实践，把语文的实践由原来简单的知识、能力训练项目变为真正意义上的语言交际活动，使学生在语言交际活动中，理解语文知识，运用语文知识，提高语文能力。

第四，教学目标的设计为学生自主、合作、探究式学习铺设基石。《语文课程标准》的目标制定自始至终贯穿培养学生主动探索、团结合作、勇于创新的精神品质这一教育理念。语文教学目标的设计应该是开放的，它应该为学生自主、合作、探究式学习铺设基石，让学生有自主、合作、探究式学习的空间和时间。教师在教学目标设计中，可以让学生通过读课文自行寻找学习目标，确定学习重点，理解教学内容。教学设计可以不规定学生必须如何如何，让学生摆脱各种预先设定的条条框框的束缚，去自由地探究和评说。

总之，语文教学目标的设计，要能让学生充分发挥主体作用，真正成为学习语文的主人。

二、语文教学目标设计的要求

（一）促进学生个性发展

促进学生个性发展，一是指促进不同个性、才能的学生发展，也就是说，促进某些学生某一专长方面的特殊天赋、爱好和追求的发展；二是指每一个学生作为"个体"的人，其才能、气质、理想、信念、思想、情操、意志等，通过教育都应得到培养和发展。语文教学是为了每一个学生的语文素养得到全面发展和提高。

（二）体现语文学科性质特点

设计语文教学目标，要为全面提高学生的语文素养服务，使语文教学面向全体学生，使学生获得基本的语文素养。培育学生热爱语文的素养，培育学生热爱语文的思想感情，指导学生正确地理解和运用语文，丰富语言的积累，培养语感，发展思维，使他们具有适应实际需要的识字与写字能力、阅读能力、写作能力、口语交际能力。语文课程还应重视提高学生的品德修养和审美情趣，使他们逐步形成良好的个性和健全的人格，促进德、智、体、美和谐发展。这些目标集中体现了语文课程的性质——工具性与人文性统一的特点。

（三）适应社会需要

"教育必须为社会主义现代化服务。"语文教学必须与社会主义现代化的前进步伐合拍，与时俱进。改革开放和经济、科技发展极大地增加了整个社会的信息量。传播媒体多样化，要求人们大大提高吸收和处理信息的能力，这必然对语文教学提出新的要求。改革开放和经济、科技发展也极大地促进了社会中的人际交往，要求发展传播、公关、通讯等事业，宣传、交涉、协商、论辩、调解、公关、联络等业务空前繁忙。当今世界要求人与社会和谐、人与自然和谐、科学与人和谐。所有这些，都对语文提出了许多新的内容、新的要求。语文教学目标设计必须针对这些需要，以适应社会发展的需要。

三、语文教学目标的内涵和表述

（一）语文教学目标的内涵

语文新课程教学目标为"知识与技能""过程与方法""情感、态度与价值观"三个维度。

"知识与技能"包括学生语言的积累、语感、语文知识、听说读写能力、思维能力、创新能力、实践能力等，即语文素养方面的训练和提高。

"情感、态度与价值观"，即培养学生的爱国主义情感、社会主义道德品质、积极的人生态度、正确的价值观，以及良好的个性、健全的人格、审美情趣、文化品位等。情感，指内心体验和丰富的心灵世界；态度，不仅指学习态度、责任，更指乐观的生活态度、求实的科学态度、宽容的人生态度；价值观，不仅强调个人价值、科学价值、人类价值，更强调个人价值与社会价值的统一、科学价值与人文价值的统一、人类价值与自然价值的统一，使学生从内心深处确立真善美的价值追求，以及人与自然和谐的可持续发展理念。

语文新课程教学目标既有知识与技能的增长，又有情感、态度与价值观的生成、发展。但这必须经过一定的过程，运用一定的方法才能增长、生成、发展，于是"新课标"提出了"过程与方法"这一目标。

"过程与方法"是新课程教学目标的重要亮点，是针对传统教学重结论轻过程、重教轻学的弊端提出来的。新课程新理念既重结论更重过程，强调学生学习、探索新知识的经历和获取新知识的体验。重视过程能唤起学生探索、创新的乐趣，能激发学生认知的兴趣和学习的动机，能培养学生的创新意识、创新精神和创新能力。提出"过程与方法"目标的意义在于强调学生学习的主动性、独立性、独特性、体验性和问题性。

语文新课程的教学目标具有丰富的精神、文化、生活、生命的内涵，还有获得知识、技能，培养情感、态度、价值观的过程和方法，这最能体现教师教学的功底，也是一个教师成熟的标志。

（二）语文教学目标的表述

语文教学目标的表述应注意以下几点：

1. 行为主体应是学生，而不是教师

判断教学效率、质量的直接依据是学生有无具体的收获、进步，而不是教师是否完成任务。因此，语文教学的目标表述必须从学生的角度出发，行为主体必须是学生。尽管有时行为主体"学生"两字没有出现，但也必须是隐含着的。传统教学"教学目的"常采用"使学生……""提高学生……""培养学生……"等表述方式，都不符合"新课标"的要求，因为行为主体是教师，而不是学生。

2. 行为动词尽可能是可测量、可评价、可理解的

目标的行为动词尽可能具有质和量的具体规定性，以便教学中把握和评价时使用。例如，有位教师设计《谈骨气》的教学目标："培养学生革命骨气，提高学生写议论文的水平。"不仅主体不对，而且也无法测量和评价。

3. 行为目标表述的两类基本方式

行为目标表述有两类基本方式，一是结果性目标表述方式，二是体验性或表现性目标表述方式。

（1）结果性目标表述方式。明确提出学生学习的结果是什么。所采用的行为动词要明确、可测量、可评价。"知识与技能"目标多为结果性目标。其表述分知识和技能两个方面。

知识方面：

①了解水平。包括再认或回忆知识，识别、辨认事实或证据，举出例子，描述对象的基本特征等。常用的行为动词有：辨认、回忆、背诵、选出、举例、复述、列举、描述、识别、再认等。

②理解水平。包括把握内在联系，与已有知识建立联系，进行解释、推断、区分、扩展，提供证据，收集、整理信息等。常用的行为动词有：说明、阐明、解释、比较、分类、概述、归纳、概括、判断、区分、提供、猜测、预测、估计、推断、检索、收集、整理等。

③应用水平。包括新的情境中使用抽象的概念、原则，进行总结、推广，建立不同情境下的合理联系等。常用的行为动词有：使用、应用、质疑、辩护、设计、解决、撰写、拟定、检验、计划、总结、推广、证明、评价等。

技能方面：

①模仿水平。包括在原型示范和具体指导下，完成操作，对所提供的对象进行模拟、修改等。常用的行为动词有：重复、模拟、模仿、再现、举例、临摹、扩展、缩写等。

②独立操作水平。包括独立完成操作，进行调整与改进，尝试与已有技能建立联系等。常用的行为动词有：表现、完成、制定、拟定、解决、尝试、绘制、测量、试验等。

③迁移水平。包括在新情况下，运用已有技能，理解同一技能在不同情况下的适用性等。常用的行为动词有：联系、转换、灵活运用、举一反三、触类旁通等。

（2）体验性或表现性目标表述方式。描述学生自己的心理感受，或明确安排学生表现的机会，所采用的行为动词往往是体验性、过程性的。这种方式指向无须结果化或难以结果化的目标，主要应用于"过程与方法""情感、态度与价值观"两种教学目标。

①经历（感受）水平。包括独立从事或合作参与相关活动，建立感性认识等。常用的行为动词有：感受、经历、参与、参加、寻找、尝试、讨论、交流、合作、分享、参观、访问、考察、接触、体验等。

②反应（认同）水平。包括在自身经历基础上表达感受和价值判断，做出相应的反应等。常用的行为动词有：遵守、拒绝、认同、认可、承认、接受、反对、愿意、欣赏、称赞、喜欢、感兴趣、关心、关注、重视、采用、采纳、支持、尊重、爱护、珍惜、蔑视、怀疑、摒弃、抵制、克服、拥护、帮助等。

③领悟（内化）水平。包括具有相对稳定的态度，表现出持续的行为，具有个性化的价值观念等。常用的行为动词有：养成、形成、热爱、建立、树立、具有、坚持、保持、追求、确立等。

④必要时，可附上产生目标指向结果的行为条件。行为条件是影响学生产生学习结果的特定的限制范围，为评价提供参照的依据，如"结合上下文，了解……""40分钟能……""课堂讨论时能……"。

⑤要有具体的表现程度。表现程度指学生学习之后预期达到的最低表

现水准，用以评价、测量学习表现或学习结果所达到的程度，如"45分钟能完成不少于500字的习作。"

第二节 教学策略设计

"策略"一词源于军事术语，是为实现战略任务，而采用的方式、方法和手段。对教学策略尚无统一的界定。美国学者埃金等人认为，教学策略就是"根据教学任务的特点，选择适当的方法"。我国一些学者也有种种提法：顾明远在《教学大辞典》中对教学策略定义为：教师在教学过程中为达到某一特定目标而采用的相对系统的行为，包括事先有意识地确定的一些教学方法。邵瑞珍主编的《教育心理学》一书定义为：教学策略是教师在教学过程中，为达到一定的教学目标而采取的相对系统的行为。皮连生在《智育心理学》一书中提出，教师采取的有效达到教学目标的行动，也可称为广义的教学方法。施良方、崔允漷主编的《教学理论：课堂教学的原理、策略与研究》中提出，教学策略是教师为实现教学目标或教学意图所采取的一系列操作行为。尽管说法有别，但基本精神具有一致性，即教学策略是为达到教学目标，完成教学任务，对教学的方式、方法、手段做出妥善安排并进行调控的一系列相对系统的行为。据此，教学策略的设计就是为实现特定的教学目标而制定的综合性方案，是有效解决"如何教""如何学"的问题，即在特定的教学情境中完成某一教学目标和适应学生认知需要而制定的教学程序计划及采取的教学实施措施。

教学策略设计包括准备策略设计和实施策略设计。

一、教学准备策略设计

教学准备策略是指教师在课堂教学前解决需要处理的问题的行为方式，即教师在制订教学方案（写教案）时所要做的工作。包括以下几个方面：

（一）组织、处理教学内容

一堂好的语文课主要的标志是教学内容的正确，并使学生有效地获取相应的经验。教学的方法、手段、过程都是为了更有效地实现教学内容。一堂课，如果教学内容设计有问题，教学再精致、再精彩，课堂气氛再热烈、再活跃，价值都是有限的。语文教学准备策略设计应认真考虑教学内容，哪些是核心和关键？哪些是精髓和"文眼"？哪里有能力"生长点"、思维"发散点"？何处更能落实方法目标、情感态度和价值观目标？哪些学生自己就能了然？哪里是学生的盲区？哪些适合以文本研读为主？哪些必须教师讲解？哪些可以放手让学生去体味？哪些需要教师点拨？等等。一堂语文课，如果没有合宜的教学内容，那么无论教师在方法、手段上玩什么花样，树什么大旗，都不可能是成功的语文课。

教学内容决定教学形式，教学形式为教学内容服务，这是语文教学准备策略设计应持的基本观点。对教学内容的组织、处理是教学准备工作的一个重要任务。

（二）编排教学活动

教学是由一个个相关的活动按一定顺序组织起来的。王策三在《教学论稿》中指出："所谓教学，乃是教师教、学生学的统一活动。在这个活动中，学生掌握一定的知识和技能，同时身心获得一定的发展，形成一定的思想品德。"李秉德主编的《教学论稿》指出："教学就是指教的人指导学的人进行学习的活动，进一步说，它指的是教与学相结合或相统一的活动。"顾明远的《教育大辞典》指出："教学是以课程内容为中介的师生双方教和学的共同活动。"尽管研究者对教学的阐释见仁见智，但都共同地认为教学是一种活动，是教师与学生共同参与的活动。没有活动，也就没有了教学。教学准备策略设计无可回避地要认真编排教学活动，教学活动编排是教学进程的重要组成部分。编排教学活动应考虑以下几个方面：

1. 导入设计

良好的开端是成功的一半。叶圣陶先生对文章有一个比喻："文章的开头，犹如一幕戏剧开幕的一刹那的情景。选择得适当，足以奠定全幕的情调，笼罩全幕的气氛，使大家立刻把纷乱的杂念放下，专心致志地看那下文的发展。"这段话用来比喻教学导入也同样精当。精彩的导入，是成功激发学生学习兴趣的关键。

2. 课堂提问设计

精当的、具有启发性、探索性的提问，能有效地引领学生直切文本主旨，径奔知识要点，真正让学生在心灵上触动，在知识上领悟，在阅读理解能力上提高。实践证明，切合学生与课文实际，引人深思的教学问题，有助于点燃学生思想的火花，掀起感情的波澜，调动其学习的积极性、主动性，提高课堂教学效率。设计课堂提问要注意：①所提问题要难易适度；②所提问题要围绕教学目标，切合学生实际，紧扣教材训练要点及课文精彩之处；③设计问题要面向全体学生；④所提问题能培养学生的思维能力、创新意识和独立精神；⑤科学地确定问题指向，切忌提"漫谈式"的问题和单求课堂热闹的"碎问""简单问"。

3. 学习方式设计

"自主、合作、探究"是"新课标"倡导的学习方式，只有真正领会其内涵，语文教学才能符合课程标准的要求，与时俱进。

自主学习，是指学生有明确的学习目标，对学习内容和学习过程具有自觉的意识和反应的学习方式。自主学习是说教师要以学生为主，使学生成为学习和发展的主体。语文课教师主要是在方法上引导、点拨，使学生在学习过程中、在情感体验中尝试学习，把感悟语言和体会思想感情结合起来，在感悟语言的基础上，学习积累和运用语言。学生的自主学习，要变结论式学习为探究性学习、反思性学习。

自主学习，是同"被动学习""机械学习""他主学习"相对而言的。自主学习具有以下特征：学习者参与确定对自己有意义的学习目标的提出，自己制定学习进度，参与设计评价指标；学习者积极发展各种思考策略和学习策略，在解决问题中学习；学习者在学习过程中有情感的投入，有内在动力的支持，能从学习中获得积极的情感体验；学习者在学习过程中对认知活动能够进行自我监控，并做出相应的调适。

但自主学习不是"自流"，不是教师跟着学生走，不是一切学生说了算。在教学设计中要把握好这个度。

合作学习是同"个体学习"相对而言的，是为了完成共同的任务，学生在小组或团队内有明确责任分工的互助性学习。合作学习具有以下特征：积极地相互支持、配合，特别是面对面的促进性的互动；积极承担在完成共同任务中个人的责任；期望所有学生能进行有效的沟通，建立并维护小组成员之间的相互信任，有效地解决组内冲突；对于个人完成的任务进行小组加工；对共同活动的成效进行评估，寻求提高其有效性的途径。

合作学习应注意形式与效果的统一。现在课堂合作学习多采取分组讨论的方式。在教学设计时，要解决好四个问题：①有没有问题；②问题虽有但需要不需要讨论；③有没有条件讨论；④怎么组织讨论。坚决杜绝只图表面热闹的"无效讨论"。

探究学习，就是从学科领域或现实生活中选择和确定主题，在教学中创设类似于学术（或科学）研究的情境，通过学生自主、独立地发现问题、实验、操作、调查、搜集与处理信息，表达与交流等探究活动，获得知识、技能、情感与态度的发展，特别是探索精神和创新能力的发展的一种学习方式和学习过程。

应注意的是，探究学习应选择好探究的内容，不是什么教学内容、什么问题都要探究。

《全日制义务教育语文课程标准（实验稿）》之所以积极倡导自主、合作、探究的学习方式，首先是因为要关注和尊重学生及学生的需要。学生有探究的需要，有获得新体验的需要，有获得认可与欣赏的需要，有承担责任的需要。在语文教学过程中，自主、合作、探究的学习方式满足了学生的需要，是教学取得成功的条件。

之所以强调自主、合作、探究的学习方式，还因为这种学习方式可以在教学中收获经验的激活、丰富与提升，知识的建构与运用，认知策略与学习策略的完善，情感的丰富、细腻和纯化，态度和价值观的形成、改善和完美，技能的形成、巩固和熟练。

4. 课堂语言设计

语文教师教学语言是与学生交流、沟通、对话的主要工具，是教师课堂活动的主要方式。只有精美生动的语言，才能使学生产生共鸣，达到理想的教学效果。优秀的教师应借助生动优美的语言来授知传情，使学生领悟到一种诗意的美感，既可以学到知识，又能获得一种艺术享受。教学语言设计的原则是：①知识性原则；②目的性原则；③针对性和可接受性原则；④激励性原则；⑤审美性原则。教学语言设计包括用语、语调、语速、情感、表达等。

5．教学板书设计

语文教学的板书是教师讲课时在黑板上所写的文字或所画的图表，它能体现教师的教学意图。好的板书能起到引路的作用，有助于学生理清课文的线索和结构，还便于记录。板书便于突出教学重点，有助于学生掌握课文所反映的事物的规律。板书教学又是一种直观教学，是课文内容形象的再现。板书由于利用了文字、线条、符号、图表和呈现时间、颜色差异等独具的吸引力，能集中学生的注意力，激发他们的兴趣。板书用经过浓缩的简练的文字、符号等勾勒出课文的内容梗概和结构思路，具有逻辑联系，简明扼要，符合学生的认知规律，便于学生记忆。总之，板书对引起学生的注意、增进学生的美感、强化教学的效果、形成学生对教师的敬慕，都有独特的作用，是别的教学手段所不能代替的。

（1）板书设计的原则

①板书应具有高度的概括性。能抓住教学要点，理清文章线索，明确写作思路。

②板书应具有鲜明的形象性、直观性，能补充教师口头语言的不足，加深学生对文章的理解，把握重点，便于记忆。

③板书设计应具有清晰的条理性。板书在展示认识过程、论证过程、操作过程的同时，还应揭示文章反映的事理间的逻辑联系，揭示作者的思路脉络，揭示事物的本质规律，帮助学生建构新的认知结构，并将零散的知识按一定的逻辑进行归类，形成系统。

（2）板书设计的方法

一般有五种设计方法：文字归纳法、分项列表法、线条标示法、坐标再现法、形象图解法。

（3）板书评价的标准

"实"——实效性，"精"——概括性，这是第一层次的要求。

"新"——创造性，"活"——灵活性，这是第二层次的要求。

"美"——美学价值，这是最高层次的要求。

好的板书应是"实、精、新、活、美"的和谐统一。

6. 课堂尾声设计

教学应是一个有头有尾的完整过程，不可虎头蛇尾，一节课、一篇课文结束，都应给学生留下值得回忆的、难忘的、咀嚼不尽的思维内容。

精心设计结尾，是教学设计的重要组成部分。一般有归纳式结尾、抒情式结尾、探索式结尾、发散式结尾、故事式结尾。语文课堂教学的结尾方式是多样的。但无论采用哪一种，都要根据课文的具体内容和学生的心理特点去设计，使之与整个教学环节的内容形成一个有机的整体。草草结束、虎头蛇尾固不可取，画蛇添足、当断不断则更应反对和避免。

"好头仍需好尾。"在语文教学中，尾收得好，就更能深刻地表现课堂教学的思想内容，加强课堂教学艺术魅力，在学生心中燃起旺盛的探求的火焰，取得"课虽终而意不尽"的效果。鉴于此，为师者有必要精心设计，荡起终课的涟漪。

7. 教学媒体设计

随着信息技术的发展，以计算机多媒体为代表的现代教学媒体已逐渐深入课堂，对促进教育教学产生了巨大的作用。多媒体的直观、形象、生动、灵活、丰富、细致，是传统教学媒体望尘莫及的。借助多媒体可以化抽象为直观，化深奥为浅显；可以激发兴趣，渲染情境，等等。因而课堂教学不能也不应拒绝多媒体的介入，而应以积极的态度利用这一手段改进课堂教学的结构，提高教学的效果。但应看到，技术是中性的，或者说是一把双刃剑，能否带来益处，取决于对它的应用。多媒体也是这样。如果使用得当，将大大推动教育教学改革；反之，不仅会造成教学资源的浪费，而且还会分散学生的注意力，妨碍教学目标的实现。

（三）形成教学方案

教学实施的结果就是形成教学方案，教学方案的表现形式就是教案。教案是教师教学准备工作的具体体现，是实施课堂教学的直接指南和重要依据。教案内容一般包括教学目标、教学重点难点、课时安排、教学程序、板书设计、教后记等。

二、教学实施策略设计

教学实施策略的设计是对教学的计划性安排，是呈现在纸上的教学方案，也是对教学的预期。教学是一种主体的实践活动，对于具体的实施设计，还要在具体实践操作中检验。教学实施是实现教学目标的关键阶段，涉及多方面的教学策略，主要包括教学组织策略、传输内容的策略、深化教学内容以及教学资源管理的策略。

教学组织是指教师依据不同学科的教学目标以及不同学校、不同年级学生的特点，对教学内容和教学程序进行有效处理的过程。由于不同的教学组织形式对教学目标的实现、教学内容的完成能够产生不同的影响，因此，在教学中根据需要选择并设计适当的教学组织形式是十分必要的。

传输内容的策略主要是指教学媒体的设计、选择和运用；深化教学内容以及教学资源管理的策略主要侧重于教学资源的开发和利用。

课堂教学中常用的一些教学策略为：

（一）动机激发策略

动机是行动的直接动力，是个体发动并维持其行动的一种心理状态。一般来说，动机来自需要，学习动机反映学生对学习的需求程度。因此，它是影响学生学习成效的重要因素之一。学习动机可分为内部动机和外部动机。认知心理学研究认为，内部动机比外部动机对学生的学习更有驱动力。内部动机对于学习的作用表现为：

（1）可以使学生产生学习动力，使学生的学习更加投入、持久。

（2）可以引导学生把握学习的方向，并达成预期的学习目标。

（3）可以使学生的学习更加自觉、更加努力。

（4）可以促使学生对学习内容和学习方法做出选择和决策。

总之，一个有学习动机的学生，会主动、有计划地投入到学习中去，并努力寻找各种学习方法，以达到其预定的学习目标。

认知理论将学生的内部动机看作是一个决策过程。只有具有内部动机的学生才可能决策自己的学习行为。而激发学生的内部动机是课堂教学中重要的教学策略之一。动机激发策略就是指教师引发学生对学习产生兴趣，并维持这种兴趣所运用的各种合理的教学手段和教学方法。认知心理学研究的结果显示，激发动机的策略主要有下面几种：

（1）激发兴趣。兴趣是学生学习动机中最现实、最活跃的成分。兴趣在情绪方面表现为对发生事情的"惊奇"，与之相联系的心理反应是对新事物的期待，同时又会引发学生的想象，进而促使学生思维的活化。

（2）创设引发动机的学习情境。情境，即情景、境地。创设引发动机的学习情境，就是使学生置身于某种愉悦的学习环境中，从而产生学习需求的环境基础。

（3）创设使学生积极参与的学习活动。"新课标"一个重要的理念就是改变学生被动的学习方式。学习方式的改变，在很大程度上需要教师给学生提供"参与"教学的机会，变被动学习为主动学习。认知理论的动机观认为，教师应该注重学习活动本身的成功对个体的价值和吸引力。只有"参与"，学生才会感到自己是学习的主人，从而激发起学生的学习动机。因此，学生对教学活动的参与不仅可以提高学生的动手操作能力，促进思维的发展，也是激发动机的重要策略之一。

还有一点需要说明的是：动机的激发并不只是在教学的开始，即所谓导入的环节，应该贯穿教学的始终。有经验的教师、有策略的教师，自始至终都会用一种饱满的热情和机智的手段去激发学生并调动学生的求知欲。

（二）教学内容呈现策略

一般来说，教材规定了教学内容，并以一定的方式呈现给学生。大多数教材的内容编排考虑到知识内在逻辑的层次、结构。但是，在具体的教学实施中，教师可以根据具体的教学目标选择不同的策略对其进行编排、组织再呈现给学生。

1. 归纳式概念学习策略

归纳推理是从特殊的、个别的知识中推出一般原理的思维过程。归纳式概念学习就是在教师引导下，学生通过比较和对比个别的、具体的学习概念，抽取出它们共同的特征并发现一般的、普遍的、抽象的概念、原理的学习过程。

归纳式概念学习策略主要适用于概念、规则、原理的获得，重点在于归纳的过程方面。归纳式概念学习的模式为：

呈现或列举实例→归纳推理→实验（例）论证→概括→得出结论

由此看来，归纳式概念学习与布鲁纳所倡导的发现学习有着相似的思维过程和结构序列。布鲁纳认为，课堂学习应该是归纳式的，发现学习的基本过程就是要为学生提供获得概念的大量例证，引导学生通过比较和归纳推理，从中发现并获得概念和规则的基本特征。因此，在归纳式概念学习中，教师需要向学生呈现的是概念和定理的形成过程，而不是结论。这一思想，无疑是与发现学习一致的。

从归纳式概念学习的思维特征不难看出，归纳式概念学习有利于培养学生学会发现的技能，有利于训练学生从感性到理性、从具体到抽象的概括性思维，也有利于调动学生的内部学习动机。

2. 演绎式概念学习策略

演绎式概念学习策略呈现教学内容的顺序与归纳式概念学习策略正好相反，它是一种从一般规律到特殊例证的教学或学习方法。教师运用演绎式教学呈现学习内容的顺序是：首先给出概念或规则的定义，然后列举例证或让学生举出特殊的例证进行说明。

演绎式教学的一般步骤为：

（1）教师直接呈现出有关概念、公式、定理、规则的定义；

（2）根据概念、公式、定理、规则的定义所述，提出正面的和反面的例证，并进行论证、讲解、讨论，使学生辨别、理解新概念的本质与非本质属性；

（3）进一步给出正反例证，让学生根据新知识能解释例证，并学会用理论解决实际问题；

（4）进行各种变式的学习，巩固新知识。

演绎式概念学习是一种教学效率较高的教学策略。由于学生首先学习的是概念的定义，在进行论证及运用概念解释例证、解决新问题教学中结构严谨；由于省略了学生用来推导、探究、发现的时间，使得教学效率极高。但是，运用这种策略进行教学，学生主动参与的机会较少。

第五章　语文教学与话题作文写作

因为连续多年高考作文均为话题作文，影响到中考也是以话题作文为主，于是话题作文成为语文教师和广大学生关注的热点，研究、探讨之风日盛，极大地影响着中学写作教学。

第一节　对话题作文的认识

话题作文，顾名思义，就是以一个话题为中心写文章。话题作文可分为广义和狭义两种。广义的话题作文，从古到今凡写文章均可囊括在内。无论是日常写作，还是应试作文，都可以说是话题作文。因为写文章总要有一个中心，总要围绕中心去构思、去谋篇、去成文。

这个中心即话题。自命题作文、命题作文、供材料作文、话题作文、研究性作文无不是以一个话题为中心的作文，都可以叫作话题作文。狭义的话题作文，是近几年因高考作文而兴盛起来的，即从一个话料引出话题。有人把它叫作"话料引题作文"，笔者认为这个叫法更科学、更明确、更切合实际一些。不过，目前一提"话题作文"，大家都会想到是这种"话料引题作文"。"话题作文"已专门化，不会产生歧义，所以也用不着为之正名。

问题在于对这种"话题作文""神化"，认为它就是选拔性考试的最佳形式，造成各类考试中多数学生都写"话题作文"。举国上下唯"话题作文"是尊，这给中学写作教学带来了不良的影响。①因为话题作文在理解上的宽泛，在练习中只看话题，而不管引出话题的材料，于是出现了胡编乱造，东拉西扯，只要与话题沾边，都能成文的弱化审题的现象。②只要与话题相关，文体不限，甚至淡化文体，出现了文体杂糅的"四不像"的所谓"应试体"。③为了创新，追求形式的繁华。④本来就很明白的话题，反而又是话料，又是提示，又是要求，弄得十分复杂，影响了学生创造性思维的形成和展示。"过犹不及"，过分地突出，影响了写作教学的整体性、科学性、实用性，不能不引起我们深思。笔者认为，语文教学中应以平常心对待话题作文，以正常的态度对待话题作文，把它看作整个作文教学中的一个部分，看作诸多作文训练的一种，认真对待，通过教师指导、学生练习，写好话题作文。话题作文在语文教学中是训练思维的有效方法，话题作文为学生展示思想和才华提供了广阔的舞台。不过作文训练不能单一化，把各种作文方式结合起来，才能达到提高学生写作水平的目的。

第二节　话题作文题的构成

目前，通行的话题作文题一般由以下几个部分组成。

一、话料

这是话题作文题的背景，是引出话题的由头，也是话题提出的依据。话题作文题所使用的话料有：

（一）寓言

先提供一则寓言，进而由此引出一个"话题"。如：

2003年高考作文题提供的话料，就是从韩非子《说难》中选用的寓言《智子疑邻》。

2001年高考作文题提供的话料是寓言《行船遇险》。

（二）物象

先提供带有很强的比喻性和象征性的自然现象或某种物象，引出一个"话题"。如：1993年高考作文题的话料是：老树皮剥落，长出了鲜嫩的新皮。这是一种自然现象，由此引出"话题"。

可用作话料的物象很多，常见的有瀑布、明月、山川、河流、草木、道路、台阶、蜡烛、伞、灯以及"水滴石穿""蚁穴毁堤"等。

（三）故事

先提供一个典型的小故事，这故事可以是小小说，可以是写人叙事的小通讯，也可以是生活中发生的、见到的事，由此引出"话题"。如：

2002年高考作文题的话料是一个登山者在途中遇到暴风雪的故事。

2005年高考作文题的话料是甲乙两个好朋友之间的故事。

二、提示

为了打开学生写作思路，启发积极思维，中考、高考作文题常常在话料后边给学生以提示和引导。这些提示语有着十分重要的作用。

（一）提示作文取材范围

命题者通过提示语启发学生写作的角度、构思的范围。如：

2002年作文题的提示语是："每个人都常遇到、见到、听到一些触动心灵，需要选择的事情。"这个提示就启发学生要写的"选择"角度是"触动心灵"的，构思的范围，即要写的内容是自己遇到的（亲身经历——当事者）、见到的（日常所见——目击者）、听到的（有所耳闻——旁听者）。

2003年作文题的提示语是："我们仍然可以在现实生活中听到类似的故事，也常见到许多不同的甚至相反的情况。我们在认识事物和处理问题的时候，感情上的亲疏远近对事物认知的正误深浅有没有关系呢？是什么样的关系呢？"这个提示语启发学生要从现实生活中听到、见到的与"智子疑邻"相同、不同或相反的事情去写。其作文的范围还要限定在从这样的事所表现出感情的亲疏远近对事物认知的正误深浅的关系上。

2005年作文题的提示语是："生活中，有许多事情是可以忘记的，有许多事情又是需要铭记的。"这就给学生指出写作的角度、构思的范围在"生活中"，是生活中要忘记和要铭记的，二者缺一不可。

（二）表明材料选用

提示语常常提示学生应选用什么材料用作记叙的事实，或用作议论的论据。如：

2002年提示语是"我们大家是怎样选择的呢？"这就告诉学生，要选用能反映"选择过程"和"结果"的材料。要选用对选择做出正确评判的材料，选用理论上能论证正确选择的材料。

2004年提示语是通过"B"和"C"的话表达出来的，即"改变思维角度和方式，我们就会有新的感受和发现""快乐和幸福是这样得来的吗？"这就要求学生要选用能从不同角度、不同思维方式认识快乐和幸福的事、理。

2005年提示语要求选用生活中应该铭记与应该忘记的事来记叙，来说理。

（三）指出写作主体

提示语还向学生明确指出记叙或议论的主体，即从谁的视角、听觉、感觉去写，谁是记叙和议论的主体，写作者代表谁立言著文。

2002年，在提示语中点明每个人都常常遇到、见到、听到。那么，写作的主体可以是每个人，可写他，可写我，是为每个人代言。

2003年，提示语指出"我们仍然""我们也常见到"，这就是说可以写"我们"中的你、我、他。写"我们"中的任何人，包括命题人、学生、阅卷人、老师等。

2004年，提示语中有"我们就会有"。这"我们"可以是我、是你、是他。

2005年，提示"生活中，有许多事情"。这里没有提谁"生活中"，从"话料"可以看出，主要是"我"生活中，从"我"的角度来写，也可以写包括"我"在内的"我们"生活中的事、理。

三、话题

话题是立意、构思、成文的出发点和落脚点，是作文的主要着眼点和着力点。如：

2001年以"诚信"为话题；

2002年以"心灵的选择"为话题；

2003年以"感情亲疏和对事物的认知"为话题；

2004年以"快乐幸福与我们的思维方式"为话题；

2005年以"忘记和铭记"为话题。

话题作文必有话题；作文必须围绕话题，必须以话题为中心。

四、强调

强调，即话题作文的写作要求，也就是写作要遵守的规则。

（一）"所写内容必须在话题范围之内"

这是对文章内容最基本的要求。

（二）"自定立意"

有时写作"立意自定"。这是考查学生对话题的认知能力，以及对话料、提示所蕴含观点提炼的能力，即审清"话题"含义，确定文章主旨。

立意是写好文章的关键。作文核心是一个"意"，即作者观念、思想、认识、感受等的提炼和体现。"意"，关系到人的情感体验、思想认识的综合。古人提出写文章"意在笔先"，杜牧说"凡为文以意为主"。王夫之说："无论诗歌与长行文字，俱以意为主，意犹帅也。无帅之兵，谓之乌合。"为文必先立意是前人的实践经验，也是写作的基本规律。

关于话题作文的立意目前有两种意见。一种意见认为，话题作文可以抛开话料仅就"话题"去立意。"话料"只起引出"话题"的作用，在辅导教师、阅卷者看来只遵循"话题"立意即可，好像可以不管"话料"一样。"话料"与"话题"没有了关系。另一种意见认为，立意既要看"话题"，还要看"话料"。因为作文题给出了一个"话料"，而"话题"是从这个"话料"中引出来的，因此，这个"话料"就成为作文题不可分割的一部分，二者密不可分，共同作为立意的依据。

比如，2002年的话题作文题是以那个登山人的经历为话料，再加上话题"心灵的选择"组合而成。可在写作中，很多学生把它简化成以《心灵的选择》为题的作文，那个话料好像没有什么意义而被抛开不顾，成为多余的东西。

再如，2005年的话题作文《忘记和铭记》。学生如果抛开"话料"，那么立意范围就大多了——可以大到国家、社会，小到家庭、个人。比如，对日本帝国主义对我国的侵略、对我国同胞的残杀，我们要铭记在心，永世不忘国耻、国仇，而对我们支援过的国家和人民，那是应尽的国际责任，可以忘记；别人有恩于己，不应忘恩负义，而别人伤害过自己，不要记仇、以怨报怨。这"铭记"与"忘记"的事大相径庭。如果联系话料为话题立意，显然是指我们日常生活中应"铭记"与"忘记"的人、事、理。看来不顾话料，会给立意带来很大的问题。

笔者赞同话题作文立意不能割断"话料"与"话题"的联系。否则，便失去了话题作文存在的意义。

笔者认为"自定立意""立意自定"，这个自定不是随意的，不是天马行空、随心所欲，而是要从"话料""提示"和"话题"出发去立意。

首先，所立之意的价值取向应积极向上，要弘扬真、善、美，鞭挞假、恶、丑。

其次，要结合"话料""提示"，认真研究"话题"，考虑从什么地方立意、立什么意才能表明话题的内涵。

可见"自定立意""立意自定"既有开放性，又有限制性。开放性表现在文章所写的内容、展示的精神、阐发的道理、表达的思想完全由学生自己来确定。限制性表现在所写的内容、展示的精神、阐发的道理、表达的思想必须与"话料""话题"相符，否则便是脱题。

（三）"自选文体"

前几年一直强调的是"文体自选"。2004年、2005年改为"自选文体"。词序的变换，进一步强调了"文体"的重要和必要。前几年"话题作文"提出"文体自选"以来，"淡化文体"之风盛行，学生的文体意识越来越弱，甚至不知文体为何物，写出的文章文体杂糅，"四不像"。当时流行一种"话题体"，有人干脆叫作"应试体"，这样的文章只能应试而无任何实用价值。2005年提出"自选文体"，就是明确告诉学生要选"文体"，以强化学生的文体意识。

（四）"自拟标题"

这几年话题作文题，有的可以直接作为文章标题去写，如《诚信》

《心灵的选择》《忘记与铭记》；而有的只是规定了立意的角度、方向、内容范围、中心，如"感情亲疏和对事物的认知""快乐幸福与我们的思维方式"，这就不能当作题目直接写文章。无论是哪一种话题，为了更好地显现文章的思想内容，为了更好地吸引、打动读者，就需要拟出自己的题目来。标题是文章的眼睛，是文章的旗帜，好的标题可为文章增色添彩。

（五）"不少于800字"

对学生来说，在一定的时间内写出一定字数的文章是语文教学的要求，也是学生语文素养的标志之一。义务教育"语文课程标准"要求7~9年级学生45分钟能写不少于500字的文章。高中"语文课程标准"要求45分钟能写800字的文章。限时限字作文是对学生思维的流畅性的训练。

2005年没有提"不得抄袭"，并不是说可以抄袭。不提的原因是"不得抄袭是做人的最基本道德，是文风、文德的最低要求，是自觉的行为，是不需要提醒而自觉遵守的道德规范"。

第三节　另类话题作文

话题作文命题形式是多样的，常见的有：不用话料，而是设计一段精妙的带有启发性和提示性的导语，通过导语揭示话题，主要有以下几种形式：

一、解说式导语

解说式导语就是通过恰如其分的解说，揭示"话题"。如：人成熟的标志是什么？有的同学说，成熟的标志是稳重大方；有的同学说，成熟的标志是遇事有主见；有的同学说，成熟的标志是会办事；有的同学说，成熟的标志是懂得关心、理解别人；有的同学说，成熟的标志是善于认识自我、否定自我……请以"成熟"为话题，自拟题目，自选文体，写一篇800字的文章。

二、比喻式导语

比喻式导语就是将围绕一个中心的恰当比喻的事件作为"话题"。如：谢谢，是一盆火，融化了结冰的心；谢谢，是一杯酒，温馨了陌生的人；谢谢，是一阵春风，吹绿了爱的季节；谢谢，是一道阳光，照亮了梦的彩云。一声谢谢，人间充满爱；一声谢谢，天涯若比邻。请以"谢谢"为话题，自拟标题、文体自选，写一篇800字的文章。

这种导语是对话题"谢谢"这一抽象、笼统的日常话语，通过比喻变得生动活泼、富有活力，把笼统的话语变得具体、形象。这种"主体"与"描绘体"的和谐融合，传递的信息自然亲切，丰富充实了许多。

三、抒情式导语

这种导语与上两种很难截然分开，它有时有解说的成分，有时有比喻的成分，不过相对而言，抒情味更浓一些。如：家是什么？家，是难舍的亲情，是温馨的集体，是亲爱的祖国。家也是我们人生的起点和成长的避风港。有家真好，在这里，父母用慈爱的伞为儿女擎起一方晴空，儿女用孝顺的心给父母奉上一缕慰藉；在这里，洋溢着浓浓的师生之情、伙伴之谊；在这里，花样的年华放出异彩。请以"家"为话题，自拟标题，自选文体，写一篇800字的文章。

第四节　话题作文成败的因素

话题作文的成功、失败与以下四个方面关系很大：

一、对话题的认识理解程度

对话题能结合话料、提示准确理解、深刻认识，作文就不会脱题，立意就会符合话题要求，作文就容易写好。对话题理解有误，认识肤浅，作文就会离题，就会差之毫厘、谬以千里。这就要求学生面对话题作文题认真阅读、辨析，不要放过全题的一字一词，从中找立意，找写作内容，找写作角度，找文章构思，粗心大意是不行的。

二、学识见闻的积累和运用水平

好的作文不仅要准确理解话题，而且要能用生动丰富的形象表现话题，或者能用典型有力的论据论证话题。这就要求学生做有心人，平时通过读书、看电视、上网，以及亲自观察、亲身经历积累材料，并把各种各样的材料分门别类地归纳整理，一旦碰到作文的"话题"则迅速搜索，以供写作之用。相反，如果平时不注意积累，写作文时，想不出一件生动的事来表现话题，拿不出一个像样的有说服力的例子论证话题，作文当然是空洞无物的。

三、文体和表达方式的选择和运用能力

能否选好文体，会不会运用适宜的表达方式，是作文技能技巧高低的重要标志之一。首先，写作必须有文体，绝不能写"四不像"的文体，这是作文的大忌。其次，要从自己的特长出发选出文体。最后，从话题的特点出发选出文体。

四、运用语言文字的水平

"言之无文，行而不远。"作文要有文采，文采是作文吸引人、感染人的一大要素。好的作文不仅语句通顺，而且文采飞扬。差的作文不仅词汇少、句式少、修辞少，而且语病多、废话多、错别字多。不管什么样的话题，要使语言有文采，都要有雄厚的积累做基础。这就要求学生除了上语文课学习语言外，还要多读各种文体的范文，感悟语言，从中吸收营养。

参考文献

［1］谌启标，等. 新课程与学校管理创新校长读本［M］. 福州：福建教育出版社，2004.

［2］朱仁宝，王荣德. 21世纪教师素质修养［M］. 杭州：浙江大学出版社，2001.

［3］尹靖. 中华文化大观［M］. 天津：天津社会科学院出版社1991.

［4］余文森，谌启标. 高中新课程教师读本［M］. 福州：福建教育出版社，2004.

［5］王文彦，蔡明. 语文课程与教学论［M］. 北京：高等教育出版社，2002.

［6］王德俊，王格奇. 语文新课程教学设计［M］. 大连：辽宁师范大学出版社，2002.

［7］严先元. 课程实施与教学改革［M］. 成都：四川大学出版社，2002.

［8］周小山，严先元. 新课程的教学设计思路与教学模式［M］. 成都：四川大学出版社，2002.

［9］孙春成. 给语文教师的101条建议［M］. 南京：南京师范大学出版社，2003.

［10］王晓晖，等. 新课程：语文教学怎样改革［M］. 成都：四川大学出版社，2003.

［11］吕树根. 中学语文教学竞赛指南［M］. 长沙：湖南师范大学出版社，2003.

［12］刘振山. 教师手册［M］. 北京：华夏出版社，2003.

［13］张昕，任奕奕. 新课程教学设计［M］. 北京：北京理工大学出版社，2004.

［14］郑金洲. 校本研究指导［M］. 北京：教育科学出版社，2002.